JN076575

「神の王国」を求めて

近代以降の研究史

山口希生

[著]

YOBEL,Inc.

装幀　ロゴスデザイン：長尾優

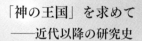

「神の王国」を求めて
——近代以降の研究史

目　次

聖書書名と略記

旧約聖書

創世記　創
出エジプト記　出
レビ記　レビ
民数記　民
申命記　申
ヨシュア記　ヨシュ
士師記　士
ルツ記　ルツ
サムエル記上　サム上
サムエル記下　サム下
列王紀上　王上
列王紀下　王下
歴代志上　代上
歴代志下　代下
エズラ記　エズ
ネヘミヤ記　ネヘ
エステル記　エス
ヨブ記　ヨブ
詩編　詩
箴言　箴
コヘレト書　コヘ
雅歌　雅
イザヤ書　イザ
エレミヤ書　エレ
哀歌　哀
エゼキエル書　エゼ
ダニエル書　ダニ
ホセア書　ホセ

ヨエル書　ヨエ
アモス書　アモ
オバデヤ書　オバ
ヨナ書　ヨナ
ミカ書　ミカ
ナホム書　ナホ
ハバクク書　ハバ
ゼファニヤ書　ゼファ
ハガイ書　ハガ
ゼカリヤ書　ゼカ
マラキ書　マラ

新約聖書

マタイ福音書　マタ
マルコ福音書　マコ
ルカ福音書　ルカ
ヨハネ福音書　ヨハ
使徒言行録　使
ロマ書　ロマ
Ⅰコリント書　Ⅰコリ
Ⅱコリント書　Ⅱコリ
ガラテヤ書　ガラ
エフェソ書　エフェ
フィリピ書　フィリ
コロサイ書　コロ
Ⅰテサロニケ書　Ⅰテサ
Ⅱテサロニケ書　Ⅱテサ
Ⅰテモテ書　Ⅰテモ
Ⅱテモテ書　Ⅱテモ
テトス書　テト
フィレモン書　フィレ

ヘブライ書　ヘブ
ヤコブ書　ヤコ
Ⅰペトロ書　Ⅰペト
Ⅱペトロ書　Ⅱペト
Ⅰヨハネ書　Ⅰヨハ
Ⅱヨハネ書　Ⅱヨハ
Ⅲヨハネ書　Ⅲヨハ
ユダ書　ユダ
ヨハネ黙示録　ヨハ黙

第Ⅰ部

第1章「神の王国」の探求

・はじめに

　イエスが語った良き知らせ、福音を一言で要約すれば、「神の王国の到来」と呼ぶことができるでしょう。今から二千年ほど前に、ガリラヤで宣教活動を始めたイエスは人々から大きな注目を集めました。彼を自分たちのところに引き留めようとする群衆に対し、イエスは「ほかの町にも神の王国の福音を告げ知らせなければならない。私はそのために遣わされたのだ」（ルカ4章43節）と語りました。イエスは自らの使命を、「神の王国」の布告だと見なしていたのです。共観福音書と呼ばれるマタイ・マルコ・ルカ福音書には、イエスの言葉として「神の王国」あるいは「天の王国」というフレーズが明らかな並行箇所を除いても70回以上登場します。また、ルカ福音書の続編である使徒言行録によれば、復活した後のイエスは昇天するまでの間、

（1）　本書では聖書からの引用は基本的に「聖書協会共同訳」を用いますが、「神の国」と「天の国」については「神の王国」と「天の王国」と読み替えて引用します。その理由については、後ほど説明します。また、必要に応じて私訳を用います。

弟子たちに神の王国について教え続けました（使1章3節）。このように、共観福音書は一致して「神の王国」をイエスの宣教の中核に据えています。

　もっとも、共観福音書とは様々な点で異なるヨハネ福音書では、「神の王国」という言葉はわずか二度しか現われません（ヨハ3章3節、5節）。四福音書の一角であるヨハネ福音書が「神の王国」を重要視していないのならば、それをイエスの宣教の中核とは呼べないのではないか、と思われるかもしれません。けれども、ヨハネ福音書の中心主題である「永遠の命を得る」という表現は、「神の王国に入る」と同義のものとして使われていることは示唆的です（3章5節、15節）。ヨハネ福音書が独自の神学的語彙を用いていることはよく知られていますが、この福音書記者はイエスの「神の王国」の布告について知りながら、彼独自の語法によってそのエッセンスを伝えようとしたと考えられるのです。ヨハネ福音書における「永遠の命」とは、単に死後に魂が永遠に生き続けるということではありません。むしろ、永遠の命とは、今ここで神とキリストとを知ることによって得られるものです（ヨハ17章3節）。それは、今ここで神の王国が到来しつつあるという、共観福音書におけるイエスのメッセージと響き合うものです。したがって、ヨハネ福音書が「神の王国」という言葉からは距離を置いているのは確かだとしても、イエスの到来によってこの地上世界に大きな変革がもたらされたという認識においては共観福音書と一致していると言ってよいでしょう。

　イエスの宣教の中心にある「神の王国」について、過去一世

紀以上もの間、欧米のキリスト教神学界や聖書学の分野において盛んに議論され、研究されてきました。そこには実に多様なアプローチがあり、研究者たちによる多様な見解を不案内なままに聞いても、かえって神の王国についての理解が混乱してしまうかもしれません。しかし、こうした議論の変遷を整理し、俯瞰的に眺めることで、神の王国への理解が確実に深まっていくのを実感できるでしょう。本書の目的は、近代以降の「神の王国」の研究史を読者に分かりやすく提示することにあります。[2]「神の王国」は四福音書のみならず、他の新約聖書文書においても大切なテーマとして現れます。そこで本書では、福音書のみならず新約聖書全体を視野に入れた研究史を提供します。また、欧米の研究者に偏ることなく、日本人研究者も取り上げていきます。

　研究史を踏まえることは学術論文を書く上で大変重要なことなので、本書が新約聖書研究を始める学生の方々に有益なものとなることを願っています。しかし、本書は決して教会教職や研究者を志す方々のためだけに書かれたものではありません。むしろ、福音書をより深く理解したいと願う一般のクリスチャンの方々や、キリスト教に関心を持つ方々が、特別な専門知識なしに読めるようにしたいというのが筆者の切なる願いです。

---

(2)　「神の王国」の研究史は、1963 年に上梓されたノーマン・ペリン（Norman Perrin, 1920~1975）の *The Kingdom of God in the Teaching of Jesus*（「イエスの教えにおける神の王国」、未邦訳）がつとに有名です。けれども、それから半世紀以上もの年月が流れており、その間に「神の王国」についての探求も大きく前進しています。

「神の王国」というテーマが多くの研究者によってこれだけ集中的に研究されてきたのは、それが簡単には捉え切れない深みを持った主題だからです。そこで以下では、本書の導入として「神の王国」についての筆者自身の基本的な理解を簡潔に説明していきます。

　・「神の王国」とは、どこにあるのか

　新約聖書の最初の書である「マタイによる福音書」によれば、イエスの宣教の第一声は「悔い改めよ、天国は近づいた」でした（マタ4章17節、ここでは口語訳聖書から引用）。では、「天国」とは何を意味するのでしょうか。普通の日本人が「天国」と聞けば、死んだ家族や友人たちの魂が憩うと信じられている、死後の世界のことを連想するかもしれません。仏教的な環境で育った人は、「天国」とは「極楽浄土」だと思うかもしれません。いずれにしても、「天国」と聞けば、ここではないどこか別の世界、彼岸的な世界を思い浮かべる人がほとんどではないでしょうか。クリスチャンの場合でも、そのように考える人は少なくないでしょう。では、イエスは人々に「あの世が近づいた」と伝えようとしたのでしょうか？

　実際のところ、「天国」という訳語は誤解を招きやすいものです。なぜなら、そこには「王」という非常に重要な言葉が欠けているからです。王がいなくても国は成り立ちますが、王なしには王国は立ち行きません。この原語のギリシア語はヘ・バシレイア・トーン・ウラノーン ἡ βασιλεία τῶν οὐρανῶν で、直訳すれば「天の王国」となりますが、マルコ福音書やルカ福音

書の並行箇所ではヘ・バシレイア・トウ・セオウ ἡ βασιλεία τοῦ θεοῦ「神の王国」となっています。なぜ別の言い回しなのかと言えば、イエスがギリシア語ではなく、旧約聖書の言語であるヘブライ語に近いアラム語で話していたからです。弟子たちによって記憶されたイエスのアラム語の言葉がギリシア語に翻訳される過程で、二種類の言い回しが生じました。「神」という言葉をみだりに唱えようとしなかったユダヤ人たちは、神を示す言葉として「天」と言ったからです。日本語で「天をも恐れぬ」と「神をも恐れぬ」という言い回しが同じ意味であるように、「天の王国」も「神の王国」も同じ意味です。

　アラム語の「王国」は「マルクータ」（ヘブライ語では「マルクート」）という言葉ですが、この語は領域主権を持つ「王国」というよりも「王による支配」という、王の行動を指し示す意味合いが強いのです。したがって、「神の王国」とは端的には「神が王として支配する」という意味です。「神の王国」という言葉には、「神は王である」という信仰告白が含まれているのです。今日の私たちは王政ではなく、民主主義の政治体制の下で生きているので、「王による支配」をイメージするのは難しいかもしれません。けれども、王政の下に生きた古代の人々は様々な形で「王による支配」を体験しました。王は民衆に恩恵を賜わる人物として経験されることもあれば、敵を打ち破る戦士として仰ぎ見られることもあります。また裁きを行うという形で人々と係わることもあったでしょう。これら全てが「王による支配」に含まれます。イエスが「神の王国が近づいた」と語った時、一つには、人々が「王なる神の支配」を様々な形で体験

するようになることを指していました。人々は、恵みを施す方としての神、戦士としての神、裁き主としての神、等々を体験するようになるのです。

　そして、人々がそのような「神の支配」を体験するのはあの世ではなく、この世界においてです。神のおられる「天」においては神の完全な支配は実現しているので、問題となるのはこの地上世界です。願い求められているのは、「天で神が支配されているように、地の上にも神の完全な支配が実現しますように」ということです。神から離反してしまったこの世界に、神の支配が突入してくる、そのとき人々は神の力を経験するでしょう。これが、「神の王国は近づいた」というイエスのメッセージの真意でした。

・「神の王国」は、いつ来るのか

　四福音書の中で最古の福音書だとされる「マルコによる福音書」によると、イエスが宣教を始めた時に語られたのは、「時は満ち、神の王国は近づいた。悔い改めて、福音を信じなさい」（マコ1章15節）でした。「近づいた」という言葉のギリシア語はエンギケン ἤγγικεν ですが、ここでは完了形が使われています。このことは、神の王国が単に近づきつつあるだけではなく、それが既に来ているということをも示唆しています。したがって、「神の王国は実現しつつある」と訳すことも可能です。さらにイエスは、宣教活動の中で次のように言っています、「しかし、私が神の指で悪霊を追い出しているのなら、神の王国はあなたがたのところに来たのだ」（ルカ11章20節）。先ほ

ど神の王国とは王として活動される神の支配だと指摘しました
が、イエスが悪霊を追い払うとき、サタンの支配を打ち破る神
の支配を人々は確かに体験していました。また、神は放蕩の挙
句に身を持ち崩した我が子を無条件で迎え入れるような寛大な
王でもあります。イエスが罪人を招いて食事を共にした時に、
人々は情け深い神の支配を身をもって体験しました。このよう
に、神の支配の様々な側面は、まさにイエスの宣教活動を通じ
て人々が体験するところとなったのです。イエスは神の王国は
いつ来るのかと尋ねられた時、こう答えています。「神の王国は、
観測できるようなしかたでは来ない。『ここにある』とか、『あ
そこにある』と言えるものでもない。実に、神の王国はあなた
がたの中にあるからだ」（ルカ 17 章 20-21 節）。まさに、神の王
国は人々がイエスと出会うところに実現していたのです。
　またイエスは、「神の王国」について譬えを用いて語ること
が多くありました。蒔かれた種が人の手によらず知らぬ間に大
きく成長していくように、神の王国もいつの間にかどんどん成
長していく、ということが暗示されている譬えがあります（マ
コ 4 章 26-29 節）。また、神の王国はからし種にも譬えられてい
ます（マコ 4 章 30-32 節）。人目につかないようなちっぽけな始
まりからは想像もできないような巨大な姿にまで成長するから
し種のように、神の王国もひそやかな始まりから巨大な現実へ
と広がっていくでしょう。このようなイメージからは、神の王
国が「いつ」来るのか、と尋ねること自体が的外れであるよう
に思えてきます。神の王国の到来は「何時何分何秒」というよ
うな特定の瞬間を指すものではなく、むしろプロセスとして捉

えるべきものなのです。

　イエスの言葉の中には、神の王国がこれから来ることを示唆するものもあります。しかしその場合にも、それがいつだか分からない遠い未来のこととして語っていたのではありません。イエスは弟子たちに、「よくよく言っておく。ここに立っている人々の中には、神の王国が力に溢れて現れるのを見るまでは、決して死なない者がいる」（マコ9章1節）と述べて、神の支配がさらに力強く現われる時が近いことを示唆しました。同時に、彼らが厳しい苦難に遭うことも警告しています。イエスは「最後まで耐え忍ぶ者は救われる」と語り（マコ13章13節）、神の王国の到来が苦難を伴うものであることを教えました。

・「神の王国」は、どのようにして来るのか

　神の王国の到来が地上における神の支配の実現を指すのならば、では一体どのようにそれは実現するのでしょうか。イエスがガリラヤで「神の王国」を宣べ伝えていた時の行動面での柱は、病を癒すこと、悪霊を追い出すこと、そして「罪人」と呼ばれていた人たちと共に食事をすることでした。そのうち、悪霊払いと病の癒しには密接な関連がありました。イエスは十八年間も腰が曲がったままの女性を癒した時、「この女はアブラハムの娘なのに、十八年もの間サタンに縛られていたのだ」と語りました（ルカ13章16節）。このように、病の癒しは同時にサタンからの解放でもあったのですが、イエスの宣教の柱の一つに悪霊払いがあったということは、神の支配が地の上に実現していく過程には、霊的な戦いという側面があったことを示し

ています。イエスの時代の人々は、天上の世界と地上の世界とは密接に絡み合っており、地上世界で活動するのは身体を持った人間や動物たちだけではなく、霊的な存在も含まれていることを信じていました。この天と地が深く関連しているという世界観は「ユダヤ黙示的世界観」と呼ばれますが、イエスの神の王国を理解するためにはその理解は必須です。

　また、イエスの宣教活動の中でも際立った特徴は、様々な理由によりイスラエル共同体から除け者扱いされてきた「罪人」たちを招いたことです。古代社会では、共に食事をするということが非常に大きな社会的・宗教的な意味を持っていました。誰と食事をするかで、その人がどんな人であるかを判断されたからです。律法学者たちがイエスに対し、「この人は罪人たちを受け入れ、一緒に食事をしている」と文句を言ったのも（ルカ15章2節）、イエスはそうすることで自らを罪人の立場に置いている、と彼らは見なしたからです。当時のユダヤ人たちは、罪人たちを排除しなければイスラエル共同体の聖性が損なわれ、結果として神の怒りを招くと考えていました。そのような社会通念に抗うようにイエスが積極的に罪人たちと食事を共にしたことは、イエスのもたらす神の王国がどのような性質のものであるのかを端的に示しています。それは憐れみの王国とも呼ぶべきものであり、社会の片隅に追いやられていた人々に望外な恵みを与えるものでした。

　同時にイエスは、神の王国に入るためには徹底した献身が求められることも教えました。イエスに従おうとする者が家族に別れを告げようとすると、「鋤に手をかけてから、後ろを振り

返る者は、神の王国にふさわしくない」との厳しい言葉を残しています(ルカ9章62節)。神の王国は、そこに入ろうとする人々にラディカルなほどの信従を求めるものでもあるのです。神の王国は大いなる恵みとして提示されますが、人々の側にも王国のための自己犠牲が必要とされます。

　イエスの「神の王国」をもたらす言動は、それを目撃した人々に強烈なインパクトを与えましたが、その活動はエルサレムでの暴力的な磔刑(たっけい)によってあっけなく中断されてしまったように見えます。もちろん、イエスの死は多くの者を罪から贖(あがな)うためのものであり、イエスの地上における生涯の最も重要な役割は十字架において達成された、とキリスト教神学では強調されてきました。けれども、地上に神の支配を確立するという「神の王国」のミッションと、贖罪(しょくざい)のための十字架上での死というミッションとは、どのように関連しているのでしょうか。言い方を変えれば、イエスの十字架上での死は、神の支配の確立のためにどんな意味を持っていたのでしょうか。イエス自身は、自らの死が神の王国の確立に結びつくことをはっきりと自覚していたように思われます（マコ14章25節「よく言っておく。神の王国で新たに飲むその日まで、ぶどうの実から作ったものを飲むことはもう決してあるまい。」）。

　また、その後のキリスト教の歴史において、イエスの宣べ伝えた「神の王国」はその中心であり続けたのでしょうか。使徒たちの時代以降、キリスト教は燎原の火のごとく地中海世界に広まり、紀元四世紀には世界の超大国であるローマ帝国が国を挙げてキリスト教に改宗しました。その後もキリスト教は世界中に伝播(でんぱ)し、今日に至っています。しかし、そこで最も大切な

こととして伝えられてきたのはこの地上に神の支配が到来するという使信よりも、むしろキリストを信じることを通じての個人的な救い、しかもその救いとは来世的なもの、死後の安寧<ruby>安寧<rt>あんねい</rt></ruby>だったと言えないでしょうか。もちろん、教会は伝道の地で病院を造ったり、教育に力を入れたりと、公共的な分野で活躍しました。しかし、西欧の教会がもたらした神の支配は、愛と平和に基づくものというより、搾取と不正に満ちた帝国主義的植民地支配の片棒を担ぐものではなかったのか、という批判も当然なされるでしょう。このように考えると、神の王国はどのように地上に実現するのか、という問いは非常に重大な今日的意味を帯びています。この問題を考える上で、以下の三点が特に大切です。

①イエスがその宣教活動を通じてもたらした神の支配とは、どんな性質のものだったのか。

②イエスの十字架上での死は、神の支配が地上にもたらされることと、どう関係しているのだろうか。

③教会は、神の支配が全世界に確立するために、どのような役割を果たしていくのだろうか。

これらの問いに取り組んでいくことで、神の王国とはどんなもので、どのように地上に確立されていくのかという問題への深い洞察が得られるでしょう。

・本書の構成

　本書の第Ⅱ部では、19世紀以降の「神の王国」研究の方向性を決定づけた、いくつかの古典的研究を紹介します。そして第Ⅲ部では、神の王国の到来を、神の民である「イスラエルの刷新」という観点から捉える一連の研究を紹介します。イエス自身も「私は、イスラエルの家の失われた羊のところにしか遣わされていない」（マタ15章24節）と語っているように、その宣教の対象はもっぱらイスラエル民族でした。したがって、神の王国の研究をイスラエルの刷新という観点から捉えることは妥当でしょう。ここでは特に英国の聖書学の学統に連なる研究者たちを扱います。第Ⅳ部では、「神の王国」の内実をより多角的に考察していきます。「神の王国」の背景となる黙示文学、知恵文学、さらには社会学など、様々な観点から「神の王国」を探求していきます。そして第Ⅴ部では、四福音書以外の新約聖書文書における「神の王国」を探求します。ここでは神の王国の実現を、イスラエルの垣根を超えた万物の刷新という視点で捉えていきます。

第II部

「神の王国」に取り組んだ古典的研究

第Ⅱ部要旨

　第Ⅱ部では、19世紀後半から20世紀前半にかけて活躍した研究者たちを取り上げます。この時期にはその後の学界の方向性を決定づけるようないくつかの重要な研究がなされましたが、同時に「神の王国」を巡る争点が明確になった対立の時代でもありました。

　神の王国は人類の倫理的な努力によって世界に拡大していくとした自由主義神学に対し、神の王国とは神の力のみによって一瞬のうちに到来する超越的な世界だとヴァイスやシュヴァイツァーは反論しました。他方で、神の王国とはすべての時代のあらゆる領域に及ぶ神の支配であり、それは突然到来するものではなく、むしろ人々がその支配を承認する時に神の王国は現れるのだ、とダルマンは論じました。さらには、無時間的で実存的な神の王国の理解を提唱したブルトマンに対し、時間を支配する神というテーゼから、救済史の中で神の王国を捉えようとするクルマンの研究が提起されました。

　このように百花繚乱と形容できるほどの諸説が生み出されたのがこの時代で、神の王国の研究史における古典時代と呼ぶことができるでしょう。

第 2 章
19 世紀の「神の王国」論争
ヨハネス・ヴァイス

　本書で初めに取り上げるのは 19 世紀の神学論争です。19 世紀というと、ずいぶん昔のことのように思われるかもしれませんが、当時論じられていた神学的テーマの中には今日まで議論が続いているものも少なくありません。特に「神の王国」は当時も今も神学における最重要テーマの一つであり続けています。

・自由主義神学

　近代のキリスト教神学の歴史において、「神の王国」の重要性に着目したのは「自由主義神学」と呼ばれる神学的潮流においてでした。「自由主義神学」を定義するのは簡単なことではありませんが、啓蒙思想と呼ばれるヨーロッパの思想に大きな影響を受けた神学だと言えます。啓蒙思想は「人間の理性」を何よりも重視し、実証的に検証可能な「科学」と不可能な「宗教」とを明確に分離する立場を採ります。科学は客観的だが、宗教は主観的だ、というような見方は啓蒙思想に由来します。

　このような啓蒙主義の時代の申し子として登場したドイツの神学者がフリードリヒ・シュライアマハー（Friedrich Daniel Ernst Schleiermacher, 1768~1834）で、彼は「自由主義神学の父」と呼ばれ

ます。シュライアマハーは、「神の王国」こそキリスト教信仰の
本質にあると論じましたが、彼の提唱する「神の王国」は、イ
エスの時代のユダヤ人たちが抱いていた「神の王国」を歴史的
に探究することでたどり着いた理解ではありませんでした。そ
れはむしろ、シュライアマハー自身の宗教的理想を体現するス
ローガンでした。シュライアマハーは「直観と感情」こそ宗教
の本質だと説き、神は人間の心の中に見出すことができると考
えました。このようなキリスト教理解は、科学が客観的な学問
であるのに対し、宗教は主観的な事柄だとする啓蒙思想と非常
に相性が良いものでした。シュライアマハーによれば、キリス
トによる「贖い」とは、人間の本性の中に眠る神意識を目覚め
させることです。自らが完全な神意識を持っていたキリストは、
それを他の人々にも伝えて彼らの神意識を覚醒させることがで
きました。神の王国は、そのような神意識に目覚めた人々の共
同体の中に実現する、というのです。[(1)]

　シュライアマハーの影響を受けながら、キリスト教信仰を宗
教意識の問題に留めることなく、より倫理的・実践的な方向に
発展させようとしたのがアルブレヒト・リッチュル（Albrecht
Benjamin Ritschl, 1822~1889）です。リッチュルはこのように記して
います。

　イエスを信じる人々が神の王国なのである。彼らが性や条件
　や国籍の違いによって互いを差別し合うことなく、互いに愛

（1）Friedrich Schleiermacher, *The Christian Faith* (Edited by H. R. Mackintosh
　　and J. S. Stewart: Edinburgh: T & T Clark 1999), 476-8, 521-8 を参照。

に基づいて行動し、道徳的確信と道徳的善の共同体を、あらゆる可能なレベルで世界の隅々にまで拡大していくならば、彼等こそが神の王国なのである⁽²⁾。

このように、自由主義神学が提唱した「神の王国」はヒューマニズム（人間中心主義）と極めて親和性が高いものです。人間の心の中に備わっている高い倫理基準を引き出し、「最高善」を達成することがすなわち神の王国の実現だということです。しかし、リッチュルの義理の息子である聖書学者のヨハネス・ヴァイス（Johannes Weiss, 1868~1914）はこのような理解に強く異を唱え、神の王国は人間の宗教意識や倫理実践には還元できないとし、むしろそれは神の力のみによってもたらされる終末的な世界だと強く主張しました。

・ヨハネス・ヴァイス

イエスの宣教の中心にある「神の王国」の真の歴史的探究は、当代一流の聖書学者であるヨハネス・ヴァイスよって始まったといっても過言ではありません。ヴァイスは、「神の王国」という言葉がイエスと同時代に生きたユダヤ人たちによってどのように理解されていたのかを問いました。これは非常に重要な問いです。19世紀の自由主義神学者たちはこの歴史的な問いをバイパスし、自分たちの19世紀的な物の見方や理想を聖書テクストに押し付けてしまったからです。ヴァイスはこう述べます。

（2）Albrecht Ritschl, *Die christliche Lehre von der Rechtfertigung und Versöhnung* (Bonn: Marcus 1874), vol. 3, 271. [拙訳]

イエスはこの概念［神の王国］を彼の同時代の人々が理解できるような、そのままの意味で用いた、ということが一般的に認められている。確かにそれは正しい。では、どんな意味でだろうか？[3]

　ヴァイスは、イエスが宣べ伝え、それを聞いた人々が理解した「神の王国」とは倫理的な理想のことではない、と指摘します。むしろ神の王国は、当時のユダヤ人たちが抱いていた終末論という観点から捉えられるべきだ、と主張したのです。では、彼らの終末理解とはどんなものだったのでしょうか。この問いを考える上で、ヴァイスはユダヤ黙示文学を重視しました。ユダヤ黙示文学によれば、神の王国とは人間の倫理的実践によって徐々に拡大していくものではなく、悪魔の敗北や、宇宙的な激変を通じて出現するものだとされます[4]。自由主義神学者たちは啓蒙時代の子として悪魔やサタンなどというおどろおどろしい存在を真面目に扱わない傾向がありました。けれども、当時のユダヤ人たちにとって悪霊は極めてリアルな存在であったことをヴァイスは指摘しました。実際、新約聖書記者たちは病の究極的な原因をサタンの影響に見ていました（マタ8章16－17節;ルカ13章16節）。このような世界観においては、「神の王国」

（3）Johannes Weiss, *Jesus' Proclamation of the Kingdom of God* (Translated by Richard Hiers and Larrimore Holland: Minneapolis: Fortress 1971), 101. ［拙訳］

（4）「モーセの遺訓」10.1, 5 等を参照。

の到来とは「サタンの王国」の敗北と表裏一体のものとして捉えられます。そして「サタンの王国」を敗走させるのは人間の力や努力によってではなく、神の力によってのみ達成されるだろうと当時の人々は信じました。このように考えると、「神の王国」の到来はひたすら神の側からの劇的な介入によるのだ、ということになります。人間にできることと言えば、ただその到来のために祈ることだけです。

　イエスや当時のユダヤの人々は、世界は二重構造になっていると信じていました。人間や動物たちが住む地上世界と、神や天使たち、そして死者の霊などが住まう天上世界という二つの世界があり、その二つの世界は密接に関連し合い、連動すらしています。天上で起こることは、地上にも甚大な影響を与えます。ヴァイスによれば、イエスは、今や天においてサタンの支配が打ち破られたので、地上においてもサタンの王国が壊滅する日は近いと信じる一人のユダヤ人でした。イエスの悪霊払いは、サタンの王国の壊滅が近いことを示す「しるし」だったのです。逆に言えば、イエスの活動中は神の王国は未だに実現していなかったということです。なぜなら、神の王国が到来するためには現在の物質世界が過ぎ去る必要があるからです。ヴァイスによれば、「神の王国」とはこの世界とはまったく異質な超越的世界なのです。ヴァイスはこう主張します。

　　イエスが考えていた神の王国とは、この世界を完全に超越し

（5）Weiss, 前掲同書、74 を参照。
（6）前掲書、67-74.

たものであり、この現実世界とは対極にあるものだった。こ
の世界のただ中で発展していく神の王国など、イエスには思
いもよらないものだった。[7]

　ヴァイスのこのような「神の王国」理解は、イエスの「から
し種の譬え」が喚起する、この世界のただ中で発展していく神
の支配というイメージとは相容れません。「神の王国」研究が
営々と積み重ねられてきた21世紀の時点から振り返るならば、
ヴァイスの示した理解はあまりに一面的であるように思われま
す。しかし、ヴァイスは自由主義神学全盛の時代に、忘れ去ら
れていた極めて重要な「神の王国」の一側面を鮮明に照らし出
したことも事実です。実際、ヴァイスの議論は当時の自由主義
神学陣営を震撼させました。リッチュル学派の一人で、ベルリ
ンで教義学を教えていたユリウス・カフタン（Julius Martin Kaftan,
1848~1926）は、こう漏らしたと言われています。「もしヨハネス・
ヴァイスが正しいのなら、神の王国とは終末的なものだという
ことになる。そうすると、教義学において『神の王国』という
概念を用いることは不可能になる。[8]」神の王国を人間の倫理的実
践の精華として捉える自由主義者にとって、ヴァイスの提示し
た「黙示的」神の王国には人間の倫理的努力の入る余地などな
いように思われたのです。
　このように、ヴァイスの提示した「神の王国」の理解は当時

---

(7)　前掲書、114.［拙訳］
（8）　Rudolf Bultmann, *Jesus Christ and Mythology* (New York: Charles
　　Scribner's Sons 1958), 13.［拙訳］

の神学界に衝撃を与えました。すべての神学者や聖書学者たちがヴァイスの見方に同意したわけではありませんでしたが、イエスの「神の王国」を理解する上で歴史的探究が不可欠であることは衆目の一致するところとなったのです。

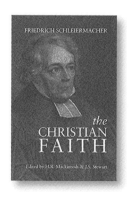

［コラム 1］ 「黙示（アポカリプス）」とは？

　先の章では、ヨハネス・ヴァイスが「ユダヤ黙示文学」を
大変重視した、と書きました。では、「黙示（アポカリプス）」
とは何でしょうか？　黙示は、「世界の終わり」を表す言葉と
して使われてきました。フランシス・コッポラ監督の映画「地
獄の黙示録（Apocalypse Now）」のタイトルには、ベトナム戦争
が世界の終わりのような狂気の世界だったというメッセージ
が込められていましたが、それから世界の終末を描いた映画
には「黙示」というタイトルがしばしば付けられるようにな
りました。しかし、「アポカリプス」という英語の語源である
ギリシャ語の「アポカルプシス」には世界の終わりという意
味はありません。それは「覆いを取り除く」、「隠されたもの
を明らかにする」という意味です。ですから「ユダヤ黙示文学」
とは「隠されたものを明らかにする文学」というほどの意味
なのです。隠されたものの内容の一つには「未来」があります。
明らかにされる未来が、今の世界の終焉のことであるならば、
その黙示文学は確かに終末についての書だということになり
ます。しかし、ユダヤ黙示文学には世界の終わりとは無縁な
ものもあります。むしろ、黙示文学で明らかにされる秘密と
は、天上界の秘密が多いのです。天界と地上とは見えない糸
でつながっており、裏表のような関係にあります。ですから
天上界の事柄が明かされると、地上の事柄の真の意味も分か
る、このような世界観に基づいて書かれているのが「ユダヤ
黙示文学」なのです。

第3章
「神の王国」＝「神の支配」
グスタフ・ダルマン

　19世紀の「神の王国」論争において問題になったのは、「神の王国」を倫理的に捉えるべきか、あるいは終末論的に理解すべきか、という点でした。そこでの議論を通じ、「神の王国」という言葉について19世紀的な世界観に基づいてではなく、紀元1世紀のユダヤという歴史的・地理的文脈に沿って理解することの重要性が再認識されました。ヴァイスはこの点で大きな貢献をしましたが、彼のユダヤ教理解は「黙示的」ユダヤ教を偏重しすぎるきらいがありました。本章で取り上げるグスタフ・ダルマン（Gustaf Dalman, 1855〜1941）は、より幅広く第二神殿時代のユダヤ教各派、さらにはその後のラビたちの時代をも視野に入れて「神の王国」の意味を探求しました。読者の中には、「神の国とは、『神の支配』という意味である」と神学教師が話すのを聞いたことがある方がおられるでしょうが、この「神の王国」＝「神の支配」という見方を学界で確立させたのがダル

（1）「第二神殿時代」とは、バビロン捕囚後にユダの地で人々が新しい神殿を建てた時（紀元前516年頃とされる）から、ローマとの戦争によって神殿が破壊される時（紀元70年）までの時代を指す用語。

マンだ、と言えば彼の業績の大きさが伺えるでしょう。ダルマンはイエスが語ったアラム語、そしてその背後にあるヘブライ語の正確な意味を当時の文献から探り当てました。そして通常「王国」と訳されるヘブライ語のマルクート（מלכות）という言葉について、ダルマンは次のように解説します。

> 疑問の余地がないのは、旧約聖書においてもユダヤ文献においても、マルクートという言葉が神に対して用いられる場合、それは常に「王による支配」を意味し、神の支配する領域という意味での「王国」では決してない、ということだ。[(2)]

旧約聖書で、マルクートが「王による支配」という意味で使われていることを明確に示す一例が詩編103編19節です。

> 主は天に王座を据え
> その王権（マルクート）はすべてを治める。

この節の後半で言われているのは、神の王としての支配はすべてのものに及ぶということです。そこには領域的な制限はありません。ここまでは神の支配領域だが、ここから先は神の支配領域ではない、などということはあり得ないのです。これが聖書的な意味での「神の王国」を理解するための基本です。だ

---

(2) Gustaf Dalman, *The Words of Jesus considered in the light of post-biblical Jewish writings and the Aramaic language* (Translated by D. M. Kay: Edinburgh: T & T Clark), 94.[拙訳]

　第3章 「神の王国」＝「神の支配」 グスタフ・ダルマン

から、「神の王国が来る」と言った場合、それまで神の支配下になかった領土が新たに神の王国に併合される、ということが示唆されているわけではないのです。なぜなら神の支配に属さない領域というものは存在しないからです。そうではなく、それまでは神の支配を人々が認識していなかった領域において、神こそが王であることが明らかにされることを「神の王国の到来」と呼びます。神は創造の初めから全世界の主権者であり支配者なのですが、そのことが人々に認識されるかどうかが問題となるのです。したがって、神の王国が「現れる」という場合、それは神の王国が突然出現するという意味ではなく、人々が神の支配をはっきりと認識するということです[3]。神の支配を認識しない人々は、目隠しをされた状態に似ています。太陽はすべての人を照らしていますが、目隠しされた人にはそれが分かりません。だが、目隠しを取られると、その人にとっては太陽が「現れた」と感じられるでしょう。同じように、神の恵み深い支配はすべての人に及んでいるのですが、目隠しをされた人、覆いを掛けられた人にはそれが認識できません。その意味で、覆いが取り去られて神の支配を認識することを、神の王国が「現れた」と言い表すことができるのです。神の王国の現れは、人々がそれを認識できるかどうかにかかっているというポイントを明確に示したのが「ベルゼブル論争」です。イエスが悪霊を追い出した時、それに対する人々の反応は大きく分かれました。イエス自身はそれが神の王国が到来していることのしるしであると明言しました（ルカ 11 章 20 節）。けれども、そこに神の支配を

(3) 前掲書、100 参照。

認識できない人々にとっては、それは悪霊の頭の力の現れとしか思えなかったのです(ルカ11章15節)。たとえ神の支配が到来しても、人々がそれを認めようとしない限り、神の王国は（少なくとも彼らにとっては）未だに現れてはいないのです。

　このように、神の支配が到来することは、人々がその支配を認識することと分かちがたく結びついています。人が神の支配を認識することは、その人が神の支配に応答し、服従することでもあります。このように考えると、前章の19世紀の「神の王国」論争で触れたテーマ、つまり人間の倫理的な行動と神の王国の到来とを関連付けようとする自由主義神学の目論みも、聖書的な根拠を持ちうるかもしれません。もっとも、自由主義神学が示唆するように、人間が道徳的な生き方をすることで神の王国が拡大するのではありません。神の支配はすべてに及ぶので、それがさらに拡大するのではありません。人々が神の教えに従うことで、隠されていたものが明らかにされるということなのです。

　・「神の王国に入る」とは？

　「神の王国」が領域を指すのではないという点について、さらに考えてみましょう。イエスは神の王国に「入る（エイセルフォマイ；エイスポレウオマイ εἰσέρχομαι; εἰσπορεύομαι)」という言い方をしばしばします（マタ5章20節；7章21節など）。この「入る」という言い方からは、領域的な意味での「王国」が連想されますが、ダルマンはこの動詞が「命に入る」（マタ18章8節）、「喜びに入る」（マタ25章21節）などでも使われていることを指摘しま

す。イエスは自らの未来についても「栄光に入る」（ルカ24章26節）と、この動詞を用いて表現します。これらの場合、「入る」とは物理的な特定の領域に入ることを意味しません。同じように、「神の王国に入る」とは、A国からB国へというような物理的な移動を指しているのではありません。むしろそれは、「来るべき世に入る」というユダヤ的な表現に最も近いものです。「（神の支配が明らかにされていない）今の世」から「（神の完全な支配が明らかにされる）来るべき世」への移行、そしてその新しい時代を味わうことを「入る」と呼びます。ダルマンはまた、マタイ25章21節の「主の喜びに入る[4]」という表現について、喜びを意味するシムハー（שִׂמְחָה）という言葉が旧約聖書では特別に「祝宴の喜び」という意味で使われていることを指摘します。そこから、マタイ25章21節には「神の王国の祝宴の喜びに入る」という意味合いがあることが示唆されます。これらを考え合わせれば、「神の王国に入る」という言い回しの意味は「（どこか遠く離れたところにある）神の王国に入って行く」ということではなく、「これから明らかにされる神の支配のもたらす祝福に与る」という意味になります[5]。

・民族主義的な「神の王国」
　イエスの時代の人々の「神の王国」の共通理解がこのような

---

(4) 直訳したもの。聖書協会共同訳では「主人の祝宴に入る」となっています。

(5)「神の王国に入る」というイエスの表現については、前掲書、116-8を参照。

ものであったのなら、イエスと他のユダヤ人たちとの間の違い
は何だったのでしょうか。ダルマンは、人々の民族主義的願望、
つまりユダヤ人を虐げる異邦人たちが神に裁かれ、イスラエル
民族が諸国民を従えるというような意味での「神の王国」の実
現をイエスは支持していなかったと主張します。イエスの掲げ
た「神の王国」のヴィジョンは、当時ユダヤ人の間で広まって
いたもう一つのヴィジョンとは根本的に異なっていました。「熱
心党」と呼ばれるグループも「神の王国」をスローガンとして
掲げ、「神より他に王なし」と叫び、ユダヤの地を占拠する異教
のローマ帝国への武力闘争を呼びかけていました。彼らは「神
の支配」への最大の障害をローマ帝国だと見ていたのです。イ
エスはこうした運動からは一貫して距離を置いていたように見
えます。ダルマンは、イエスのヴィジョンについて、こう述べ
ています。「イスラエル民族への外国の支配ではなく、人の内的
な命への全ての邪悪な力による支配、神の支配が取り除こうと
したのはそのような支配なのだ。[6]」イエスは民族主義的な「神の
王国」ではなく、全世界に祝福をもたらすような「神の支配」
を展望していました。この点についてのダルマンの見解を以下
に引用します。

　　イスラエルの希望の民族主義的側面をイエスは後方へと追
　　いやり、純粋に宗教的な側面を前面に押し出した。イエスは
　　そうすることで、「神の支配」という概念を、その支配によっ
　　てもたらされる祝福が含まれるように押し広げた。イエスに

――――――――――――
（6）前掲書、138 [拙訳]

とって神の支配とは、世界を刷新し続けていく神の力であるばかりか、刷新される世界そのものでもあった。その世界にいつの日か人々は招き入れられるのだが、その招きは今や提供されている。したがって人々はそれを祝福として受け取ることができるのだ。[(7)]

　イエスがローマ帝国に対する武力蜂起を支持しなかった、というのは確かでしょう。けれども、ローマへの武力闘争に反対したことと、ローマ帝国の武力による世界支配を黙認したかどうかは別の話です。この点については、第Ⅲ部の 10 章で再び考察します。
　ダルマンの研究は、「神の王国」の理解のために非常に大きな貢献をしました。「神の王国」とは、どこか遠くにある、入って行くべき領域のことを指しているのではありません。むしろ、私たちが住むこの場所に、神の恵み深い支配が明らかにされることです。しかし、イエスの言葉には宇宙的な大変動を伴うような「神の王国の到来」を示唆するものがあり、ダルマンはこれらの言葉についてはあまり注目しませんでした。そのような「神の王国の到来」に着目した神学者が、次章で取り上げるアルベルト・シュヴァイツァーでした。

（7）前掲書、137 [拙訳]

第4章
終末的預言者イエス
アルベルト・シュヴァイツァー

・イエスの実像を求めて

　19世紀に自由主義神学が登場した背景には、科学の進歩の影響でもはや奇跡が信じられなくなってしまった近代人に、なんとかしてキリスト教信仰を理解できるものにしたいという願いがありました。特にリッチュルらは、近代人が追い求めた倫理的な理想と、イエスの教えの中にある高度な倫理性とを橋渡ししようとしました。イエスを、人類の倫理的な理想を体現した人物として描こうとしたのです。しかしその目論みは、ヨハネス・ヴァイスによって大きく揺さぶられることになりました。ヴァイスによれば、イエスは天使や悪魔の存在に何の疑問も抱かず、世界の終焉が近いと信じていた一人の熱烈なユダヤ人だったからです。このような近代人にとっては異質で受け入れがたいように思われるイエス像の探求をさらに推し進め、学界のみならずより広い読者層にも衝撃を与えたのがアルベルト・シュヴァイツァー（Albert Schweitzer, 1875〜1965）でした。シュヴァイツァーがアフリカにおける医療活動によってノーベル平和賞を受賞したことは有名ですが、彼はアフリカに渡るまでは20世紀初頭を代表する新約聖書学者の一人であり、特に「史的イエ

ス（歴史上の人物としてのイエス）」の探求における当時の第一人者でした。ここで「史的イエス」研究の重要性について一言述べておきましょう。

　イエス・キリストの容貌について、私たちが持つ一般的なイメージとは金髪碧眼の風貌ではないでしょうか。西洋絵画や、近年のイエス伝の映画などでは、イエスは西洋人の美男子として描かれてきました。けれども、イエスは西洋人ではなく、実際には今日のアラブ人の風貌に近かったのです。髪の毛も金髪ではなく、黒髪の巻き毛だったでしょう。このように、現代人の抱くイエスのイメージと、歴史上の実在の人物としてのイエスにはギャップが生じやすいのです。ここでは容貌という分かりやすい例を挙げましたが、姿かたちだけではなく、イエスの人物像についても私たちは自分たちの持つ先入観をイエスに投影してしまいがちです。事実、過去において描かれてきた「イエス像」はその時々の社会の理想像や好みを投影したものになる傾向がありました。ナチス・ドイツがイエスをユダヤ人ではなくアーリア人だとし、この歪められたイエス像を反ユダヤ主義のプロパガンダのために用いたという重い事実を私たちは受け止めなければならないでしょう。「史的イエス」探求は、そのような倒錯からキリスト教信仰を守るための重要な手立てなのです。けれども、イエスの実像について真摯な歴史的探求を行ったとしても、それで本当に歴史的に信頼できるイエス像を再現できるとは限りません。これから示すシュヴァイツァーによるイエス像からも、このことを改めて思わされます。イエスの歴史的探求にはここで終わりというものはなく、倦まずたゆまず

続けられなければならないのです。

・終末的預言者としてのイエス

　シュヴァイツァーは、「世界の終わりが近い」という終末思想がユダヤ社会を覆う時代に登場した人物としてイエスを描きました。イエスもそのような終末的緊迫感を共有し、行動していたというのです。自由主義神学には、科学技術などの進展で社会が段々と豊かになり、それと同時に人間の道徳性も向上していくという啓蒙主義的・進歩主義的な世界観が根底にあり、「世界がもうすぐ終わる」という終末的世界観とは対極にあるものでした。彼らの描くイエス像もそのような世界観・歴史観に合致していて、人類が進歩によって到達すべき究極の理念を体現する人物としてイエスを描く傾向がありました。だが、こうした自由主義神学の抱くイエス像とは異なり、イエスの以下の言葉からは確かに切迫した終末的な展望が読み取れるのです。

　　よく言っておく。あなたがたがイスラエルの町を回り終わらないうちに、人の子は来る。（マタ 10 章 2 節）
　　よく言っておく。ここに立っている人々の中には、神の王国が力に溢れて現れるのを見るまでは、決して死なない者がいる。（マコ 9 章 1 節）

　ここで言われている「人の子が来る」や「神の王国が現れる」という表現が「再臨」を指しているとすれば、これらの言葉はキリスト教神学者に大変難しい問いを投げかけます。なぜなら、

「再臨」は弟子たちが生きている間、彼らがイスラエルの町々をめぐっている間に起きるとイエスが予告したことになるからです。しかし、紀元1世紀には「再臨」は起こらなかったのです。そこで、キリスト教を批判する人々はこれらのイエスの言葉を取り上げて、キリスト教信仰は根本から間違っていると主張してきました。

シュヴァイツァーは、理解の難しいイエスのこうした言葉を真剣に受け止め、衝撃的とも言える「史的イエス」像を提示しました。シュヴァイツァーによれば、イエスは十二使徒をイスラエルの各地に派遣した時、彼らが町々を廻り終える前に「人の子」が現れると本当に信じていました。「人の子」の到来には宇宙的な大激変が伴い、現在の天地が滅び去って超自然的な「神の王国」が出現するはずでした。その時、イエスの真の姿、つまり「人の子」と呼ばれる全宇宙の支配者としての姿が明らかにされると。そのような瞬間が目前に迫っているという期待の下に、イエスは使徒たちを派遣しました。時が迫っているゆえに、ぐずぐずしている暇はありません。だから、福音を受け入れない町からは早々に立ち去るようにと命じたのです（マタ10章14章）。けれども、弟子たちが悪霊さえ従えたと喜び勇んで旅から戻ってきた時にも（ルカ10章17節）、イエスの期待に反して「人の子」も「神の王国」も現れませんでした。では、どうすれば神の王国の到来を早めることができるのだろうか？ イエスはその理由を探るために、一人で寂しい地に退いて神に祈りました。

当時のユダヤ人の間には、「受難思想」が広まっていました。

神の王国の到来の前に、神の民は激烈な苦難の時、「メシアの災い」と呼ばれる苛烈な迫害に耐えなければならない、と信じられていたのです。イエスは自分の先駆者であるバプテスマのヨハネが処刑されたことで、自らを待ち受ける運命についてはっきりと自覚するようになりました。そして「メシアの災い」が神の民全体ではなく、メシアたる自分一人が背負わなければならない苦難であることを悟っていきました。イエスが自分の召命を確信する際に決定的な役割を果たしたのが旧約聖書、特にイザヤ書53章に描かれている「苦難のしもべ」の預言でした。多くの人の罪を背負い、苦しめられることによって神の王国の到来を早める、これがイエスのエルサレム行きの目的でした。イエスはこの役割を引き受けるために、エルサレムへの最後の旅路に赴きました。だが、その死にもかかわらず、神の王国は到来しなかったのです……[1]。

　イエスの死が神の王国の到来とどのように関係しているのか、というのは19世紀の神学者たちにとっても重要な問いでした。自由主義神学者たちは、イエスの死とは、互いに仕え合うという神の王国の道徳的精神を体現した全き自己犠牲の行為だったと解釈し、その模範的側面を強調しました。だがシュヴァイツァーは、イエスの倫理的な教えは神の王国のための行動規範なのではなく、神の王国に入るための条件だと主張しました。そ

---

(1) Cf. Albert Schweitzer, *The Mystery of the Kingdom of God: The Secret of Jesus' Messiahship and Passion* (Translated by Walter Lowrie: New York: Dodd, Mead and Company 1914).

してイエスの死は確かに自己犠牲の行為ではあったが、それは神の王国の出現を早めるという明確な目的のためになされた死だった、と論じたのです。この挫折した黙示的預言者というシュヴァイツァーの提示するイエス像は、当時の神学界が受け止めるにはあまりにもショッキングなものでした。シュヴァイツァーによって、自由主義神学の研究者たちによって営まれてきた「史的イエス」探求は中断されてしまった、と言われるほどでした。

・シュヴァイツァー以後

シュヴァイツァーによれば、イエスは偉大な精神の持ち主だが、つまるところは失敗した預言者でした。もしこれが本当だとするのなら、キリスト教は大いなる誤謬の上に打ち立てられた大伽藍だということになってしまいます。当然それに対しては様々な応答がありましたが、それらは大別すれば三つに分類できるでしょう。

第一は、イエスの期待通りに世界の終わりは訪れなかったとしても、イエスが同時代の人々に投げかけた問いは今日でも有効であり得るというものです。イエスはこの世が提供する安心や安全に頼ることなく、ひたすら神に信頼するように人々に呼びかけたのですが、その呼びかけは危機の時代に生きる現代人にとっても意味を持つ、と考えるのです。これが次章で取り上げる、ブルトマンによって提唱された実存的福音理解です。

第二は、イエスの終末論的な言葉はイエスの真正な言葉ではなく、原始キリスト教徒たちが創作したものをイエスの言葉と

して福音書に挿入したのだ、というようなアプローチです。だが、イエスを非終末論化しようという試みはシュヴァイツァー以前にもあり、シュヴァイツァー自身がそうした試みを厳しく批判しています。それでも、イエスの言動の非終末論側面に光を当てるという意味で、そうした試みには大きな意義があります。このアプローチを取る研究者についても、後に紹介します。

　第三は、シュヴァイツァーが前提としているユダヤ黙示思想そのものを問い直そうというものです。シュヴァイツァーは、イエスの思想的背景として「ユダヤ黙示思想」を大変重視しました。しかし、シュヴァイツァーはユダヤ黙示文学を正しく理解していたのだろうか、という批判がなされるようになったのです。黙示文学には象徴的な表現や言語が多用されていますが、それらを文字通りに取ることは解釈論的に問題があります。イエスの「黙示的な」数々の言葉を、シュヴァイツァーは象徴としてではなく、文字通りに理解しました。そして文字通りの解釈に基づき、イエスの預言は実現しなかった、と断じました。だが、そのような解釈の是非が厳しく問われなければならないのです。この点については、第Ⅲ部で詳しく論じます。

[コラム 2] 「万能の人」シュヴァイツァー

　「一芸に秀でる者は多芸に通じる」という諺がありますが、実際にはどんな分野においても一流の力量を示す人は、なかなかいないものです。人類の長い歴史の中でも、真の意味で「万能の人」と呼べるような人物は数えるほどしかいないと思われますが、その中の一人は間違いなくレオナルド・ダ・ヴィンチでしょう。彼はルネサンス精神を体現したような人物で、その才能は芸術は言わずもがな、科学・発明・音楽・スポーツにまで及びました。新約聖書の研究者でそのような人物がいるとすれば、アルベルト・シュヴァイツァーをおいて他にはいないでしょう。新約聖書学では史的イエスの研究史の分野において顕著な実績を残しましたが、オルガニストとしてもすぐれた腕前を持ち、J. S. バッハの研究者でもありました。アフリカでの医療活動の働きに対してノーベル平和賞を受賞し（1952 年）、後半生では平和活動に積極的にかかわったことでも知られています。彼自身は牧師の息子でしたが、彼の描き出す過激な（？）イエス像のゆえか、教会との関係は必ずしも良好ではありませんでした。本書では紹介できませんでしたが、彼のパウロ研究に及ぼした影響にも大きなものがあり、パウロの救済論の中心にあるのは信仰義認ではなくキリストとの神秘的結合だと論じました。

第5章
脱神話化された「神の王国」
ルドルフ・ブルトマン

・ドイツ語圏と英語圏の聖書学の違い

20世紀中葉の聖書学の巨人、ルドルフ・ブルトマン（Rudolf Bultmann, 1884～1976）は、ヨハネス・ヴァイスから博士論文の指導を受けています。したがって、ヴァイスの「神の王国」理解がドイツの神学界にどれほど大きな影響を与えたのか、身を持って体験しています。ヴァイスの終末的な「神の王国」理解に基づき、史的イエスを探求したのがシュヴァイツァーでした。けれども、ブルトマンはシュヴァイツァーとは異なり、史的イエス研究にはあまり関心を払いませんでした。ブルトマンは歴史的人物としてのイエスのことはほとんど知り得ないという懐疑的な立場を取り、むしろイエスを信じた原始教会の信仰を研究の対象としました。

ここで、ブルトマンに代表されるドイツ語圏の聖書学の学風と、英国を中心とする英語圏のそれとの違いについて、ごく簡単に触れておきましょう。共観福音書間の並行記事を詳しく見ていくと、細部において様々な違いを認めることができます。例えば、エルサレムに入城したイエスがいちじくの木を呪ったのは、マタイ福音書によればイエスがいわゆる「宮清め」をした

翌日のことだとされますが、マルコ福音書では「宮清め」の前の出来事として描かれています。また、マタイ福音書ではいちじくの木はたちまち枯れてしまったのに対し、マルコ福音書では枯れたのはイエスが呪った日の翌朝のことだとされます（マタ21章18－22節；マコ11章12－14節、20－26節を比較）。このような微妙ではあるものの、明らかな違いを共観福音書間に数多く見出すことができます。そして、共観福音書とヨハネ福音書との違いはさらに大きく、最後の晩餐のような重要な出来事についても、それが過越の食事であったかどうかという歴史的判断を下す際に、共観福音書とヨハネ福音書のどちらに依拠するかで結論が異なってくるのです。このような福音書問題をどう説明するのかについて、ドイツ語圏と英語圏の聖書学者の間では、かなりスタンスが異なります。ブルトマンらは、イエスの言葉や行動として伝えられた伝承を、それを受けた信仰共同体（教会）あるいは福音書記者は自由に改変し、場合によっては新しい伝承を創作して付け加えたと考えます。絵画に譬えれば、イエス自身が描いたオリジナルの絵画は、後の人々がその上に様々に上塗りしたり厚塗りしたために、もはや原型を留めなくなってしまったということです。そうなると、福音書を読んでもそこには歴史上の人物としてのイエスの姿を見出すことはできず、むしろ人々がどのように彼を信じていたのかという、人々の信仰のあり方しか認めることができないということになります。ブルトマンが福音書研究の目的を史的イエス探求ではなく、むしろイエスを信じた原始教会の人々の信仰を復元することに置いていた、というのはこのような理由からでした。

それに対し、英国の聖書学者は概して福音書の歴史性をもっと信頼する傾向があります。もちろん彼らも福音書間に違いがあることは認めます。しかし、古代の歴史家が伝記（ビオス）を書く場合、その人物についての歴史的な出来事をある程度自由に再構成することは古代社会では容認されており、そのことによって伝記の歴史的信頼性が損なわれることはありませんでした。英国の聖書学者たちはこうした見地から、福音書間の違いがそれぞれの福音書記者の個性の違いを反映していると見なしながらも、それらの記事の歴史的価値を総じて高く評価します。

　ブルトマンに代表されるドイツの聖書学と、第Ⅲ部で紹介するC. H. ドッドらの英国の聖書学者たちの学風の間には、雑駁に言えばこのような違いがあります。それを踏まえた上で、ブルトマンの説を見ていきましょう。

・脱神話化

　ブルトマンによれば、原始キリスト教徒たちは「世界の終焉が近い」という信念を抱いており、キリストがほどなく再臨して歴史を終わらせると固く信じていました。使徒パウロも、自分が生きている間にキリストが再臨して世界が終わりを迎えると信じていました（Ⅰテサ4章15節等を参照）。ブルトマンによれば、「よく言っておく。ここに立っている人々の中には、神の王国が力に溢れて現れるのを見るまでは、決して死なない者がいる」（マコ9章1節）という言葉はイエスが語ったものではなく、原始キリスト教徒による創作でした。つまりこのイエスの言葉

は、イエスが何を信じていたかではなく、原始キリスト教徒たちが世界の終わりが近いと信じていたことの証拠だということになります。ブルトマンは、原始キリスト教徒たちのこうした終末的世界観は現代人には受け入れられないし、受け入れる必要もないと論じます。

> 神話的終末論は単純な理由から、もはや支持することはできない。それはキリストの再臨（パルーシア）が、新約聖書が期待するようには決して起らなかったからである。再臨によって歴史に終止符が打たれることはなかったし、どんな男子学生も知っているように、歴史は続いていくだろう。よしんばこの世界がいつの日か終わりを迎えると信じるとしても、それは地殻変動のような自然現象の形を取るだろうし、新約聖書が期待するような神話的な出来事が起こるとは考えないのだ。[2]

　ブルトマンは、原始教会のケリュグマ（宣教の内容）は、現代人には到底受け入れることのできない神話的な世界観に基づいていると断じます。その世界観によれば、世界は天上・地上・冥府（あるいは地獄）の三層から成っています。地上界は神に創造された世界ですが、悪魔とその軍勢である悪霊たちによって

(1) Rudolf Bultmann, *Jesus Christ and Mythology* (New York: Charles Scribner's Son 1958), 14.

(2) Rudolf Bultmann, et al. *Kerygma and Myth,* vol. 1 (London: SPCK 1953), 5. [拙訳].

不当にも占拠されており、彼らがすべての悪、罪、そして病の原因となっています。悪魔は人間の内面にも入り込み、人間を堕落させることができます。この地上世界は宇宙的な大異変・破局へと向かっています。その宇宙的破滅の先に、超越的な世界、「神の王国」が現れる……。このような古代ユダヤ人から初代教会へと受け継がれた世界観は、科学の発展した現代人にはもはや受け入れることができません。しかし、ブルトマンは「脱神話化」を通じてキリスト教の使信を現代人にも意味あるものにしようと、次のような問題提起をします。

　私たちはイエスの倫理的な宣教だけを残して、終末的な宣教を捨て去るべきなのだろうか。私たちはイエスの神の王国の宣教を、いわゆる社会的福音に還元すべきだろうか。あるいは第三の可能性があるのだろうか。終末的宣教と神話的語録の全体が、その神話的な装いの下にもっと深い意味を宿しているのかどうかを私たちは探求しなければならない。もしそのような深い意味があるのなら、それを保つことを願うがゆえに、神話的な概念を捨て去ろうではないか。[3]

　このように、ブルトマンは神話的世界観に基づく原始教会のケリュグマから、「もっと深い意味」を取りだそうとしました。これがブルトマンによって提唱された「脱神話化」（独 :Entmythologisierung、英 :Demythologization）です。[4]

（3）Bultmann 1958, 18. [拙訳].
（4）この用語は通常「非神話化」と訳されてきましたが、ブルトマン

「神の王国」を求めて —— 近代以降の研究史　　53

・決断への呼びかけ

では、「神の王国」の宣教を脱神話化するとは一体どういう意味なのでしょうか。注意したいのは、ブルトマンは神話の重要性を否定したのではなく、原始教会のケリュグマから神話的要素をすべて除外すべきだと主張したのでもないことです。ブルトマンによれば、神話の目的とは世界の成り立ちや構造を客観的に描写することではありません。神話とは、人が世界の中で生きる自らの存在をどう理解しているのか、「私とは何か」を表明するものなのです。したがって、神話は宇宙論的にではなく、実存論的に理解しなければならない、と主張しました[5]。ブルトマンが提唱した「脱神話化」とは、神話を取り除くことではなく、むしろそれを解釈することだったのです。ブルトマンは脱神話化による解釈の一例として、「神は天におられる」という古代人の信仰を取り上げます。古代人はこれを文字通りに、つまり神は空間的な意味での上空（天）に住んでおられる、と考えたかもしれません。だが、現代人は宇宙探査機で遥か天空に上って行っても神を見出すことができないのを知っています。そして「神が天におられる」という言葉を抽象的に、つまり神の超越性を表す言葉として解釈します[6]。ブルトマンはこれと同じことを、原始キリスト教徒たちが抱いていた神話的終末期待にも

は神話を否定しようとしたわけではありません。そこで、今日より一般的な訳語となっている「脱神話化」を用いることとします。

(5) Bultmann 1953, 10 を参照。

(6) Bultmann 1958, 前掲書、20.

　第5章　脱神話化された「神の王国」　ルドルフ・ブルトマン

適用できると示唆します。現代人は、イエスの時代のユダヤ人とは違った意味で、「世界の終焉は近い」という感覚を持っています。それは神話的終末論ではなく科学的終末論とも呼ぶべきもので、核兵器や環境破壊などによって地球が滅ぶかもしれないという生々しい現実の下で現代人は生活を営んでいるからです。私たち現代人はこの世界の儚さを認識しており、この点では物質世界の差し迫った終焉を思い描いていた古代ユダヤ人たちと相通じるものがあります。このような危機意識の下に立てば、イエスが伝えた神の王国の到来が近いという福音、そして原始キリスト教徒たちが伝えた、キリストの再臨による世界の終焉が迫っているという使信は現代人にとっても意味深いものになり得るのです。すなわち、世の終わりを目前にして人々はいったい何に頼るべきなのか、という問いです。この世の与える安心、つまり財産や地位や名誉にしがみつくのか、それともそれらをかなぐり捨てて神の恵みのみにより頼むのかという、現実的で切迫した決断をするように呼びかけられているのです。ブルトマンはこう述べます。

　　すなわちこれがイエスの神話的宣教のもっと深い意味である。それは、私たち各人にとって真に差し迫った神の未来に心を開くことである。私たちが予期することのできない、夜の盗人のようにやってくるこの未来に備えることである。備えなければならないのは、その未来が自らをこの世界に結び付け、神の未来に心を開こうとしないすべての人の上に臨む裁きであるからだ。[7]

ブルトマンは、イエスの「神の王国」の宣教の本質をあらゆる時代の人々に向けられた「神の裁きと恵み」の告知であると見なしました。全ての人は、自分の力により頼んで神の裁きを受けるか、自己に依存することを放棄して神の恵みにより頼むか、その二者択一を迫られているということです。イエスの宣教のこうした理解は、教会が行ってきた伝統的な福音の提示に相通じるものがあります。また、ルターが唱えた「信仰のみによる救い」とも強く共鳴する福音理解です。ブルトマンが絶大な人気を誇った一つの理由は、その緻密でラディカルと言えるほどの聖書解釈法にもかかわらず、ある意味では非常に保守的な福音理解を堅持していたからかもしれません。しかし、黙示思想に強く影響されたユダヤ人たちが「物質世界の終焉」を待ち望んでいたというブルトマンの理解そのものは、近年大いに疑問視されています。黙示的終末論とは何か、というのは非常に大切なテーマなので、本書でも詳しく考察していきます。

（7）前掲書、31-2 [拙訳].

第6章
「神の王国」と時
オスカー・クルマン

・「この世」と「今の世」

　フランスのストラスブール生まれの聖書学者、オスカー・クルマン（Oscar Cullmann, 1902 ～ 1999）による「キリストと時 *Christus und die Zeit*」は 20 世紀における不朽の古典です[1]。そこで展開された議論とは、キリスト教における空間と時間に関する問題でした。クルマンの主張とは、原始キリスト教の信仰にとって最も大切だったのは「見える地上世界」と「見えない天上世界」という空間的な対比ではなく、「かつて（過去）」―「いま（現在）」―「のちに（未来）」という時間的な区分であった、というものです。

　神の王国を空間的な問題ではなく、時間的な問題として捉えるとはどういうことなのか、具体的に考えてみましょう。宗教的な講話において、「この世」と「あの世」、あるいは「今の世」と「来るべき世」という対比がよく語られます。では、これらの言葉を英語で言えば、どうなるでしょうか。「この世」と「今の世」

---

(1) 本書には前田護郎氏による優れた翻訳書（岩波書店、1954 年）がありますが、旧字体を使用しているため、同書からの引用は著者の翻訳を使用します。

が、まったく異なる英語であることにお気づきでしょうか。

①「この世」と「あの世」…this **world** vs other **world**
②「今の世」と「来るべき世」…this **age** vs the **age** to come

　日本語では同じ「世」という言葉が、英語ではワールド（世界）とエイジ（時代）という意味の異なる二つの言葉になります。対比されているのは「この世界」と「別の世界」、「この時代」と「次の時代」という別々の事柄だということがはっきりするでしょう。前者が問題にしているのは空間の違いで、後者は時間（時代）の変化です。そして、「神の王国」や「救い」の意味するものを考える場合、後者の観点が大切です。キリスト教でいう救いとは「この世界」から逃れて「別の世界」に行くことではないからです。この世からの逃避という考えは、仏教、プラトン主義、キリスト教の中ではグノーシス主義と呼ばれる一派の中に強く見られます。仏教には「浄土信仰」があり、穢土であるこの世界から逃れて清らかな極楽浄土に行くことが救いだとされます。ギリシアのプラトン主義は「霊肉二元論」に基づいていて、物質的な世界は穢れた世界、肉体は魂の牢獄であり、死とはその牢獄からの解放、至福の霊的世界への扉なのです。グノーシス主義においてはこの地上世界は劣った神の創造物だとされ、真の神が住まわれる霊的な世界、光の国に行くことが救済だと信じられていました。このように、「この世界」と「別の世界」という空間的二元論に基づく宗教は世界中に存在します。

しかし、キリスト教の「神の王国」は空間的な二元論に基づきません。「この世界」には神の支配が及ばないが、「あの世界」では神が支配しておられる、というのはキリスト教の信仰とは異なるからです。神は見える世界と見えない世界の両方の唯一の創造者であり、そのどちらも支配しています。それゆえ「神の王国（支配）」には領域的な制限はなく、あらゆる世界に神の支配は及んでいます。しかし、神の支配領域の一部において、正しい秩序が失われるということはあり得ます。正しい秩序が失われ、混沌とした状態に陥った世界を正すこと、創造の秩序 (created order) を回復することが「救い」なのです。つまり、「この世界」から「あの世界」に移動することではなく、「この世界」が混沌とした時代から秩序の回復された時代へと移行すること、それがキリスト教の提示する救いです。数年前に上梓された新改訳 2017 において、この点が明確にされたのは歓迎すべきことです。ガラテヤ書 1 章 4 節について、新旧の新改訳、そして聖書協会共同訳を比較しましょう。

　　新改訳第三版：キリストは、今の<u>悪の世界</u>から私たちを救い出そうとして……

　　聖書協会共同訳：キリストは［……］、今の<u>悪の世</u>から私たちを救い出そうとして……

　　新改訳 2017：キリストは、今の<u>悪の時代</u>から私たちを救い出すために……

ここで使われているギリシア語は現在の地上世界や人間界、あるいは被造世界全体を指す**コスモス**（κόσμος）ではなく、基本的に時間的な概念を表すアイオーン（αἰών）です。それは空間的な領域ではなく時間的な区分を示す言葉です。それゆえ、パウロがここで語っているのは、キリストが信仰者を悪の世界から救い出して別の世界に連れて行ってくれる、ということではありません。むしろ、キリストがこの悪の時代を終わらせて、新しい時代を到来させる、ということを語っています。信仰者がこの世界から逃れて行くのではなく、この世界そのものを救済する、それがキリストのもたらす救いです。

・山手線と中央線

　「空間」と「時間」の問題について、さらに考えてみましょう。東京圏の読者にしかピンとこないかもしれませんが、ここでJR東日本の代表的な路線を例に引きましょう。ヘレニズム的な時間概念が循環型の「山手線」であるのに対し、聖書的・ヘブライ的な時間概念が終点を目指す「中央線」である、ということがしばしば指摘されます。

ヘレニズム的な時間概念　　　　ヘブライズム的な時間概念

ギリシア的な観点からは、時間の流れは四季のように、永遠に繰り返されるサイクルとして捉えられます。そこには始まりもなければ終わりもありません。それに対し、聖書的な世界観によれば、神が時間を支配しておられ、時間の流れは始まりから最終目的に向かって線的に前進していくのです。このような時間概念の違いは、「救い」の理解においても大きな違いを生み出します。クルマンは、ヘレニズム的な思考に基づく救いには「時間の束縛からの解放」という側面があると指摘します。

　　ギリシア人にとって、神による贖いが時の流れの中で実現する、と考えるのは不可能である。ヘレニズムにおける贖いとは、循環的な時の流れに縛られている存在である人間が、時間から解き放たれた世界、いつでも到達することができる彼岸的な世界へと移されることによってのみ実現する。したがって、ギリシア的な至上の幸福とは空間的な概念なのである。[2]

　円環のように廻り続ける時間の流れという理解は、仏教的な背景を持つ日本人にも馴染みのあるものです。仏教はインド発祥の宗教ですが、アーリア人に起源を持つインド人の世界観はヨーロッパのそれと同根で、時間概念も循環的です。彼らにとっ

（2）Oscar Cullamnn, *Christ and Time: The Primitive Christian Conception of Time and History* (Revised edition. Translated by Floyd V. Filson: Philadelphia: The Westminster Press, 1964) 52. [拙訳].

ての救いとは、輪廻転生という循環的な時間の流れに囚われた人間がその状態から「解脱」して、因果律の支配しない無時間的な世界である涅槃（ねはん）に到達することでした。日本人が救いを「この世から別の世界へ」というように空間的に理解する傾向があるのも、こうした仏教思想の影響があることは否定できないでしょう。逆に言えば、ユダヤ・キリスト教の線的な時間概念は、日本人にとって理解が容易ではないと言えます。そして、ヘレニズム的な時間概念とヘブライズム的なそれとの違いは、「永遠」という概念において最も先鋭化します。

　　プラトンによって形作られたギリシア的思考にとって、時間と永遠との間には質的な違いが存在する。それは「限定された時間の長さ」と「限定されない時間の長さ」という違いのみでは十分に説明しきれない。プラトンにとって、永遠とは限りなく延長された時間のごときものではなく、何か全く別のものなのだ。それは無時間である。プラトンにとっての時間とは、無時間として理解された永遠のコピーに過ぎない。今日の我々の考え方がいかに深くヘレニズムに根差し、それがいかに聖書的なキリスト教に基づいていないかは、極めて広く深い範囲で、キリスト教会やキリスト教神学が時間と永遠との区別をプラトン的・ギリシア的な仕方でしているという事実から確認できる(3)。

　古代のギリシア人にとっての永遠とは、どこまでも伸びてゆ

(3) 前掲書、61 [拙訳]

く時間の流れのことではなく、むしろ無時間なのだ、という指摘は現在のヨーロッパ人にもそのまま当てはまるかもしれません。多くのヨーロッパ人が思い浮かべる「天国」とは、創造的な新しい働きが次々と生み出されていく世界というよりも、時間が止まったような静的な世界ではないでしょうか。だが、聖書の語る「永遠」が決して無時間ではない証拠として、クルマンは「私たちが『永遠』と呼ぶものと『時間』と呼ぶものの間には、つまり永遠に続く時間と限られた時間の間には、新約聖書においては何ら用語上の違いは存在しない[(4)]」という事実を指摘します。聖書の提示する「神の王国」とは無時間的な空間ではありません。そこには今の世界と同じく、時の流れが存在します。

・「見えるもの」と「見えないもの」

これまで述べてきたポイントを踏まえて、新約聖書のテクストの意味を改めて考えてみましょう。新約聖書にはしばしば「見えないもの」という表現が登場します。「見えないもの」と言うと、「見えない霊の世界、天国」を連想してしまうかもしれませんが、そうではありません。具体的な例を挙げましょう。使徒パウロは第二コリント 4 章 18 節で次にように語ります。

　私たちは、見えるものではなく、見えないものに目を注ぎます。見えるものは一時的（プロスカイラ；πρόσκαιρα）であり、見えないものは永遠に（アイオーニア；αἰώνια）存続するからです。

(4) 前掲書、62 [拙訳]

この一節は、ともすれば「私たちは、見える地上世界ではなく、見えない天上世界（天国）に目を注ぎます」という意味に解されるかもしれません。このような解釈には、この地上世界はいずれ滅び去る一時的なものであるのに対し、天上世界は時間の概念を超えた永遠の世界なのだ、という前提があります。けれども、文脈から明らかなのは、「見えるもの」とは「地上の幕屋」すなわちパウロが身にまとっている肉体のことであり、「見えないもの」とは「神から与えられる建物」すなわち復活のからだである、ということです。パウロは、「私たちは、見えるこの現在のからだではなく、見えない将来のからだに目を注ぎます」と言っているのです。復活のからだが与えられるのは未来のことであり、それはまだ見ることができず、今は信仰と希望によって待ち望むべきものです。しかし、キリストの復活のからだが目に見えるものであったように、キリスト者に与えられる復活のからだも見えるようになるのです。したがって、「見えないもの」とは目に見えない非物質的なものだという意味ではなく、現在は一時的に隠されているもの、というほどの意味です。パウロが対比しているのは「見える地上世界」と「見えない天上世界」ではなく、「見える現在（のからだ）」と「見えない未来（のからだ）」です。同様に、ヘブライ書11章1節の「見えないものを確信する」という表現も、「見えない世界」に信頼するということではなく、「見えない未来」を確信するということなのです。「見えるもの」と「見えないもの」とは空間の対比ではなく、時間の対比なのです。

・D デイと V デイ

　ヘレニズム的な時の理解と、ユダヤ・キリスト教的のそれとの違いとを確認した上で、次にユダヤ教とキリスト教の違いに目を向けましょう。クルマンは、その違いを次のように要約します。

　　年代的な観点からは、キリストが原始キリスト教の信仰にもたらした新しいものとは、イースターの復活以降、キリスト教徒にとって時の中心はもはや未来にはない、という事実にある。[5]

　この点は、ユダヤ教とキリスト教との違いを考える上で決定的に重要です。ユダヤ人にとって最も重要な時の区分は「今の時代」と「来るべき時代」です。そして「時の中心」とは「来るべき時代」が始まる時点で、それは未来にあります。だがキリスト教徒にとっては、「来るべき時代」がまだ完全には到来していないのにもかかわらず、時の中心は既に起こったのです。それがキリストの死者の中からの復活です。

　　新約聖書の復活信仰は、すべてのキリスト教信仰の中心点となる。したがって、復活のからだ－キリストのからだ－が存在するという事実は、最初のキリスト者たちの時の理解全体を規定しているのである。[6]

(5) 前掲書、81 [拙訳]

	今の時代		来るべき時代

```
                          今の時代                    来るべき時代
                                   時の中心
       ユダヤ教    ————————————————×————————————————

                           時の中心
       キリスト教  ——————————✝————————×————————————
```

　「今の時代」のただ中に、時の中心の出来事が既に起こったのです。まだ「今の時代」が継続しているにも関わらず、「十字架とその後の復活」という時の中心は「来るべき時代」に属しています。なぜならこの時の中心において、「来るべき時代」を特徴づけること、つまり「死を滅ぼす」という神の最終目的（Ⅰコリ15章26節）が既に達成されているからです。「キリストの復活」の時は勝利の時であり、それは死の完全な敗北という未来を確証するものです。クルマンはこれを説明するために、「Dデイ」と「Vデイ」という類比を用います。第二次世界大戦におけるナチスドイツの公式な敗北は1945年の5月でしたが、しかし連合軍の実質的な勝利はノルマンディー上陸作戦の成功、1944年の6月6日（Dデイと呼ばれる）によって既に決していたのです。そしてキリストの復活は、被造世界を蝕む死の支配に対する神の戦いにおいて、まさにDデイなのです。

（6）オスカー・クルマン『霊魂の不滅か死者の復活か』（岸千年・間垣洋助訳、聖文舎、1966年、日本キリスト教団出版局より復刊）、51頁。

戦争における決定的な決戦が、戦争の比較的早い時期に既に行われたが、それでも戦争が続いていくということがあり得る。その決戦の決定的な影響はすべての人には認識されていないとしても、それはもう勝利したということなのだ。しかし戦争はある程度の期間、「Ｖデイ（勝利の日）」まで継続されねばならない。新約聖書が認識しているのはまさにこの状況であり、それは時の新しい区分を認識した結果である。啓示とは、十字架とそれに続く復活が既に行われた決定的な決戦であるという布告、まさにその事実から成っている。[7]

　神の王国についてのイエスや使徒たちの言葉からは、それは既に（already）来たという側面と、未だ（not yet）来ていないという側面の両面を見出すことができます。この「既に」と「未だ」の緊張関係について、クルマンほど印象的で見事な説明をした研究者はいないのではないでしょうか。

・選びと代表
　クルマンは、キリストが神の救済史における中心にいると指摘します。キリストは扇の要のように、救済の歴史を真ん中から支えています。クルマンは神の「選び」の目的について、こう述べています。

　この恵みのプロセスの原理は、全体の贖いのために少数の者が選ばれるという原理である。言い換えれば、それは代表

（7）Cullamnn, 前掲書、84 [抽訳]

(representation) の原理である。[(8)]

　一般に、キリスト教神学では「選び」とは「救い」の同義語として、また「滅び」の対語として考えられる場合が少なくありません。神に選ばれた人だけが救われ、選ばれなかった人々は滅びる、というように捉えられるのです。しかしクルマンは、別の視点を提供します。使徒パウロがローマ書9章で論じるように、旧約聖書は「選ばれた者」が絞り込まれていくプロセスと見ることができます。アブラハムにはイシュマエルとイサクという二人の子どもがいましたが、イサクだけが選ばれ、イサクにもエサウとヤコブという双子の兄弟がいましたが、ヤコブだけが選ばれました。ヤコブの 12 人の息子の中で、ユダだけが特に王家の部族として選ばれ、その中からダビデ、さらにはその子孫の中から人類を贖う者としてイエスが選ばれます。アブラハムの星の数のように夥しい子孫の中から、イエス一人だけが選ばれたのです。けれども、この選びの目的は、イエス一人だけを救うためではありません。むしろ、選ばれたイエスを通じて、すべての人を救うのが神の目的だったのです。選ばれた者イエスは、全人類の代表として選ばれたのです。同じことはイスラエルについても言えます。イスラエルが世界の全民族の中から唯一選ばれたのは、イスラエルだけが救われ、他のすべての民族が滅びるためではありません。そうではなく、彼らを通じて世界の諸民族が祝福を受けること、それがイスラエルの選びの目的です。クルマンはこのような選びの原理を「代表の

(8) 前掲同書、115 [拙訳]

原理」と呼んでいます。そして、このことはキリスト者の群れである教会にも当てはまります。旧約聖書では、選びの民は徐々に絞りこまれ、たった一人の人物に到達しました。しかし、選びがキリストに達した後は、選びの民は逆に拡大していきます。「キリストにある者」とは、キリストと同じように神から選ばれた者で、その人々は民族の垣根を超え、全世界に拡がっていきます。だが、彼らが選ばれたのは彼らだけが救われるためではないのです。キリストが選ばれた目的が、他の人々を救うためだったように、キリスト者が選ばれたのも、他の多くの人々を救うためです。つまり、ある人が神から選ばれるのは、自分の救いのためというより、他の人々の利益のためなのです。

　クルマンによれば、救済の歴史には二つの運動が存在します。一つは旧約聖書に描かれた、多数から一人へと向かう運動であり、もう一つは新約聖書が展望する、一人から多数へと向かう運動です。そしてその中心にあるのがイエス・キリストの十字架と復活なのです。

[コラム 3] 「神の王国」と「千年王国」（その1）

　第III部で見ていくように、新約聖書学の分野では「神の王国」はイエスの宣教と共に始まった、と解する研究者が主流を占めています。しかし、一般のクリスチャンの間では、このような理解は必ずしも広く受け入れられているわけではありません。むしろ、「神の王国」はキリストが再び戻られる時、つまり再臨までは地上に到来しないと考えるキリスト教のグループも少なくありません。そのように考える理由の一つは、ヨハネ黙示録20章に登場する「千年王国」の解釈の仕方にあります。この「千年王国」の記述はキリスト教の歴史にとても大きな影響を及ぼしてきたので、少し詳しく説明します。ヨハネ黙示録によれば、世界の終わりに起きるとされる神の軍勢と反キリストの軍勢の戦い、すなわちハルマゲドンの戦いの後に（ヨハ黙19章）、サタンは底知れぬところに千年間縛られ、その時に復活した聖徒たちはキリストと共に千年間王として統治する、とされます。この「千年王国」が、キリストが宣べ伝えた「神の王国」と同じことを指していると解するならば、神の王国はまだ到来していないことになります。なぜならハルマゲドンの戦いも、キリストの再臨も、聖徒たちの復活も起きてはいないからです。また、初期の教会教父たちも、「千年王国」はキリストの再臨後に実現すると信じていました。しかし、「千年王国」とは果たしてそのようなものなのでしょうか？（コラム4に続く）

第Ⅲ部

「神の王国」とイスラエルの刷新

第Ⅲ部要旨

　イエスの宣教の核心にある「神の王国」を理解する上で重要なのは、イエスと契約の民イスラエルとの関係です。イエスは使徒パウロのように広く異邦人世界を巡り歩くことはなかったし、その宣教の対象はもっぱらユダヤ民族に限定されていました。イエス自身が、自らの使命は「イスラエルの家の失われた羊」のためのものだと語っています（マタ15章24節）。イエスは12人の弟子を招集することで、自らを中心に新しいイスラエル12部族を再編成していたかのようです。そしてイスラエルの中の虐げられた者たちを助け、逆に権力者たちのことは歯に衣着せぬ言動で痛烈に批判しました。こうしたイエスの言動は、神の民に新たなバイタリティを吹き込むものでした。イエスにとって、「神の王国（支配）」が地上に到来することと、イスラエルが刷新されることとは分かちがたく結びついていたように思われます。

　第Ⅲ部では、「神の王国」をイスラエルの刷新という観点から考察していきます。このような観点からの研究の蓄積がもっとも充実しているのは英国の新約聖書学でしょう。そこで以下では、英国聖書学の師父ともいえる C. H. ドッドから始めて、英語圏の聖書学者6名の研究を紹介します。

第7章
開始された「神の王国」
チャールズ・ハロルド・ドッド

・**実現された終末論**（Realized Eschatology）

　チャールズ・ハロルド・ドッド（Charles Harold Dodd, 1884～1973）は20世紀以降の英国新約聖書学の礎を築いた人物です。ドッドはブルトマンと同じ1884年生まれであり、活躍した時期はほぼ重なります。ドッドはブルトマンに代表されるドイツの聖書学と常に対話しつつ、独自の道を行くというイギリスらしい聖書学のあり方を体現した研究者でした。特にⅢ部でこれから取り上げる英語圏の研究者たちは、皆ドッドから大きな影響を受けています。

　「神の王国」の研究については、ドッドは「実現された終末論(realized eschatology)」の提唱者としてつとに有名です。ドッドの提題を理解するために、古典編で取り上げた研究者らと比較してみましょう。「神の王国」の到来時期については次の三類型に分類できます。

　①神の王国は常にある（ダルマン）
　②神の王国は未来に到来する（ヴァイス、シュヴァイツァー）
　③神の王国はイエスの出現によって実現しつつある（ドッド）

ダルマンは、神の王国とはすべてに及ぶ「神の支配」であり、天地創造からこのかた、神があらゆるものを支配しておられる王である、という側面を強調します。この視点から「神の王国の現れ」を考える場合、それは人間が神の支配を受け入れるかどうかの問題になります。人が神の支配を認め、その戒めに従うときに、「神の王国が現れた」ということになるからです。ユダヤ人はそのことを、「天の王国をその身に負う」という言い方で表現しました。

　それに対し、ヴァイスやシュヴァイツァーは地上世界において神の完全な支配が妨げられている、あるいは実現していないという側面を強調します。むしろこの世は悪の力によって不当にも支配されているようにさえ見えます。この悪の支配（サタンの支配）を打ち破り、神の完全な支配が実現する、そして現在の物質世界とは全く異なる超自然的な世界が出現する、それが「神の王国の到来」である、ということです。

　それに対し、ドッドは新たな視点を提供しました。ドッドは、神の王国とは現在の世界とは全く異なる別世界のことではなく、むしろこの世界に突入してくる全く新しい神の支配だと主張したのです。この地上世界の悪の力を打ち破る神の支配は、イエスの宣教において実現した、ということです。この点を考える上で、次のイエスの言葉をどう理解するかが試金石となります。「しかし、私が神の指で悪霊を追い出しているのなら、神の王国はあなたがたのところに来たのだ（エフサセン；ἔφθασεν）」（ルカ11章20節）。ここではフサノー（φθάνω）という動詞の直接法ア

オリストが用いられていますが、ギリシア語のアオリストは単なる英語の「過去形」ではありません。むしろそれは鳥瞰的な視点を表わすものだとされます[1]。つまりイエスは、天上から見れば神の王国は地上にもう来ている、と語っていることになります。この問題の一節について、ヴァイスは「神の王国はすぐそこまで来ている（がまだ到来していない）」と捉えるのに対し[2]、ドッドは「既に到来している」と解します[3]。この一見小さな釈義の違いは、「神の王国」の理解に大きな違いを生じさせます。ヴァイスやシュヴァイツァーは、イエスの悪霊払いを神の王国の到来そのものではなく、その到来が近いことの前触れとして理解しました。だがドッドは、それがまさに神の支配の到来だと理解しています。ここが「実現された終末論」の要諦です。

　ドッドは、神の王国はすべての時代のあらゆる領域で存在する、というダルマンの見解を承認します。だが、その支配が決定的な形で現れる歴史的な瞬間というものがある、ということを強調しています。

　永遠にして遍在なる神について、あの時よりこの時のほうが

---

(1) ギリシア語文法のこのテーマに関心のある読者は、Constantine R. Campbell, *Basics of Verbal Aspect in Biblical Greek* (Grand rapids: Zondervan 2008), 34-9 を参照されたい。

(2) Cf. Johannes Weiss, *Jesus' Proclamation of the Kingdom of God* (Translated by Richard Hiers and Larrimore Holland: Minneapolis: Fortress 1971), 66f.

(3) C. H. Dodd, *The Parables of the Kingdom* (Rev ed., New York: Charles Scribner's Sons 1961), 28-30 を参照。本書には邦訳があります（『神の国の譬』室野玄一・木下順治 訳、日本キリスト教団出版局、1964 年）。

もっと近くにおられるとか、あるいはずっと遠くにおられるなどと言うことはできない。神が王であるならば、神はいつでもどこでも王なのである。その意味で、神の王国とは来るものではない。それはあるものなのだ。だが、人は時間と空間という枠組みの中で経験をする。人の体験の強さの度合いには幅がある。ある人の人生の中で、また人類の歴史において、常に真実でありながらも普段は認識されないことが、はっきりとまた実際に、真実なものとして経験される特別の瞬間というものがある。歴史におけるそのような瞬間が、福音書には描かれている。神が人々と共におられることは、あらゆる時と場所において真実なのだが、それが実際に真実なものとなった。それはイエスのもたらした衝撃のゆえに真実となった、と私たちは結論付けなければならない。イエスの言葉と行動のゆえに、神の臨在は異例なほどはっきりと示され、異常な力で働いたのだ。イエスは、自らの働きが神の王国到来のしるしであることを指摘した。「しかし、私が神の指で悪霊を追い出しているのなら、神の王国はあなたがたのところに来たのだ。[4]」

ダルマンの言うように、神の支配は普遍的かつ永遠なものです。だが、イエスはそのような普遍的真理を人々に教えようとしたのではありません。むしろ、イエスの働きの中に神の支配

(4) C. H. Dodd, *The Foundation of Christianity* (New York: The Macmillan Company, 1970) 56-7[拙訳]. 本書には邦訳があります（『イエス』八田正光訳、ヨルダン社、1971 年）。

が圧倒的な形で現されているという事実、今が特別な時だという事実に人々の目を向けさせようとしたのです。

・神の王国とイスラエルの危機

ドッドは、イエスの公生涯の目的が新しいイスラエルの形成にあったと示唆します[5]。神の支配がイエスを通じて圧倒的な力で現されたのも、神の民であるイスラエルを刷新するためでした。だがそれは、神の支配を受け入れようとしない古いイスラエル、端的にはエルサレムを司る神殿支配者たちとの衝突を不可避なものにします。それはイエスの生涯における最大の危機を生じさせるでしょう。しかし、危機的状況に置かれていたのはイエスだけではありませんでした。イエスの指し示す平和への道を拒絶するならば、イスラエルは大いなる危機を迎えるだろうとイエスは警告しました。いや、むしろそのような危機が到来することを予見してイエスは嘆いたのです（ルカ19章41-44節）。ドッドはイエスの譬えについて、それがイエスの再臨を指すと通常理解されてきたものが、実際はイエスの同時代の人々に臨む危機への警告だった、と指摘します。ドッドはマタイ福音書24章45 − 51節（並行記事に、ルカ福音書12章42 − 46節）を例に挙げます。以下にルカ福音書の記事を引用します。

　　主は言われた。「主人から、時に応じて穀物を配分するようにと、召し使いたちを任された忠実で賢い管理人は、一体誰であろうか。主人が帰って来たとき、そのように働いている

(5) 前掲書、139 参照。

のを見られる僕は幸いである。確かに言っておくが、主人は彼に全財産を任せるに違いない。しかし、もしその僕が、主人が帰りは遅れると思い、男女の召し使いを叩いたり、食べたり飲んだり、酔ったりし始めるならば、その僕の主人は、全く思いもよらない日と時に帰って来て、彼を厳しく罰し、不忠実な者たちと同じ目に遭わせる。」

　ルカによれば、この言葉はエルサレムへの旅の途上、イエスの受難について全く悟ることのない弟子たちに向けて語られています。エルサレムでこれからイエスの身に起こるであろう危機についてすらまったく理解していない弟子たちに対して、果たしてイエスはそのずっと先の再臨について備えるようにと警告したのでしょうか。ドッドはこう解説します。

　　今や私たちはこう尋ねる、キリストの再臨がずっと遅れることについては何も知らないイエスの聞き手たちに、この情景が示唆するであろうことは何だろうかと。彼らはイスラエルが主の僕であるという考えに慣れ親しんでいた。特に、イスラエルの歴史において際立った人々、指導者たち、支配者たちや預言者たちは、特別な意味で主の僕だった。きっとイエスの聞き手は、当時似たような立場に置かれていた人々のことを考えただろう。祭司長たちや「モーセの座」を占めていた律法学者たちのことを、である(6)（マタイ23章2節）。

---

(6) Dodd, 1961, 126-7 [拙訳]

ドッドが言っているのは、「不忠実な僕」とは、キリストの再臨前にだらけ切った生活をしているキリスト者のことではなく、イエスの時代に神の召命に忠実でなかった人々、つまり当時のイスラエルの指導部を指しているということです。そして「戻ってくる主人」とは、これからエルサレムに向かい、神殿の状態を厳しく吟味するイエス自身のことだ、ということまで示唆されているのです（マコ11章11節には、「イエスは神殿のすべてを見て回った」とある）。このように、イエスの譬えの多くは遠い未来の話ではなく、イエスの譬えを聞いたまさにその人たちがすぐにも直面するであろう危機についての警告である、とドッドは指摘したのです。

　ドッドの「神の王国」での論考においてもう一つ注目すべきなのは、神の王国の到来は歴史上の特定の瞬間を指すのではなく、プロセスとして見るべきだ、としたことです。ドッドはこう論じます。

　　イエスの教えの中での神の王国の到来とは、ある瞬間の出来事ではなく、彼自身の宣教、その死、それに続いて起こる事柄を含む、互いに関連した出来事の複合体であり、それらが統合的に理解されている。この複合的統合の中に、異なる視点が存在する余地があるのだ。[7]

　イエスの宣教において終末的な神の支配は到来したが、そこで終わることなく、その後の一連の出来事において進展し続け

（7）前掲書、149 [拙訳]

るという視座です。神の王国研究におけるドッドの重要な功績の一つは、その到来の時期について複眼的な見方を示したことにあります。このように、ドッドの見解は「実現された終末論」というよりも、「実現しつつある終末論 (realizing eschatology)」と呼んだ方がよいでしょう。実際、彼の後継者たちは「開始された終末論 (inaugurated eschatology)」という用語を用いるようになったのです。[8]

（8）J. H. チャールズワース『これだけは知っておきたい史的イエス』（中野実訳、教文館、2012 年）278 頁参照。

第8章
人の子と「神の王国」
ジョージ・ケアード

・「再臨遅延」問題

　前章で見てきたように、ドッドはキリストの再臨のことを指していると解釈されてきたイエスの譬えが、実際にはイエスと同時代のユダヤ人たちへ向けられた警告だったと論じました。ドッドは、イエスが危機に立つイスラエルへ遣わされた最後の預言者だったという点に光を当てたのです（マコ 12 章 1-12 節参照）。ドッドの洞察をさらに深めていった研究者の一人がジョージ・ケアード（George Bradford Caird, 1917 ~ 1984）です。ケアードは、いわゆる「キリストの再臨遅延」問題について大きな貢献を果たしましたが、20 世紀半ばの神学界にとってそれは重大問題でした。[1] そこで「再臨遅延」問題について概観しましょう。

　イエスは、彼の話を聞いている人々が「人の子が来る」のを見るだろうと繰り返し語りました。

　　一つの町で迫害されたときは、他の町へ逃げなさい。よく言っておく。あなたがた［十二弟子のこと］がイスラエルの町

（1）K. コッホ『黙示文学の探求』（北博訳、日本基督教団出版局、1998
　　年）6 章参照。

を回り終わらないうちに、人の子が来る。（マタ 10 章 23 節）

よく言っておく。ここに立っている人々［イエスの弟子たちのこと］の中には、人の子が王国と共に来るのを見るまでは、決して死なない者がいる。（マタ 16 章 28 節）

あなたがた［大祭司カイアファなど、最高法院の人々のこと］は間もなく
人の子が力ある方の右に座り
天の雲に乗って来るのを見る。（マタ 26 章 64 節）

　これらの一連のイエスの言葉が示唆しているのは、イエスに従った弟子たち、あるいはイエスに敵対した大祭司カイアファが生きている間に、「人の子が来る」とイエスが予告していたということです。では、この「人の子が来る」というのは一体何を意味するのでしょうか。それは「再臨」である、と伝統的に考えられてきました。特に、次のイエスの言葉からそのように結論付けられると考えられてきました。

それらの日には、このような苦難の後
太陽は暗くなり
月は光を放たず
星は天から落ち
天の諸力は揺り動かされる。
その時、人の子が大いなる力と栄光を帯びて雲に乗って来る

のを、人々は見る。

（マコ 13 章 24-26 節）

　このイエスの言葉は、ヘロデによって大規模拡張された壮麗なエルサレム神殿がいつ崩壊するのか、という弟子たちの問いに対するイエスの応答の講話の中に含まれています。天の万象が揺り動かされるというのはまさに世の終わりであり、その時に「人の子が来る」というのはキリストの再臨を指しているに違いない、ということになります。だがそうなると、イエスの同時代の人々が生きている間に「人の子が来る」というイエスの予告はどうなってしまうのでしょうか。紀元一世紀には再臨はなかったので、ではイエスの予告は外れた、ということになってしまうのでしょうか。もしそうだとするならば、キリスト教信仰は根底から揺り動かされます。ルドルフ・ブルトマンは、そのような信仰の危機を克服すべく「脱神話化」を提唱したのでした。けれども、英国の聖書学者たちはブルトマンとは異なるアプローチでこの問題に取り組みました。その代表格の一人がジョージ・ケアードです。

・聖書における隠喩（メタファー）

　ジョージ・ケアードは 1984 年に急逝するまで、オックスフォード大学で教え続け、マーカス・ボーグ、フランシス・ワトソン、コリン・ガントン、N. T. ライトら、多くの著名な聖書学者・神学者を育て上げました。ケアードはヘブライ語が堪能で、新約聖書のみならず旧約聖書についても教鞭を取りました。

ケアードの強みは、豊かな旧約聖書やヘブライ語の知識をもとに新約聖書を読み解くことができる点にありました。また、ケアードは言語やイメージに深い関心を持ち、聖書記者がどのように隠喩（メタファー）を用いているのかを詳しく考察しました。比較的寡作な研究者でしたが、彼の残した *The Language and Imagery of the Bible*（「聖書の言語と表象」、未邦訳）は畢生の傑作と見なされています。

　いま、隠喩（メタファー）という言葉を用いましたが、その意味を明確にするために直喩と比較してみましょう。

　直喩：彼はトラのようだ。
　隠喩：彼はトラだ。

　「彼はトラのようだ」という場合、その人がトラのように強い、あるいは獰猛だ、ということを示唆しています。この場合、彼は人間であってトラではないことが前提になっています。だが、「彼はトラだ」といった場合、文脈によっては「彼は人間に見えるかもしれないが、そう見えるだけで実際は本物のトラなのだ」という意味もなり得るのです。この場合は隠喩ではなく、その対象が生物学的にはトラに分類されるという事実を述べています。しかし、話し手も聞き手も「彼」が実際には人であってトラではないことを了解している場合は、「トラのようだ」という直喩を単に「トラだ」と言うことができます。これが隠喩です。また、「あの出来事は驚天動地の出来事だった」という場合、それが本当に文字通りに「天が驚き、地が震えた」ことを指すわ

けではないので、これも隠喩の一種と言えます。しかし、このような慣用表現を知らない日本語の初学者の外国人がこの言い回しを聞いたら、本物の天変地異について話しているのだと勘違いする可能性があります。だがこのような誤解は、聖書の言語や世界観に十分精通していない現代の読者にも起きうることでもあるのです。

ケアードは、旧約聖書の預言者たちが実際には世界の終焉について語っているのではないことを意識しつつも、世界の終焉を表す言語を用いて歴史のただ中で起きる事件を表すことがある、と指摘します。回りくどい言い方ですが、これも一種の隠喩（メタファー）であり、旧約聖書にはその具体な例を見出すことができます。最も有名なものの一つは、次のエレミヤ書の一節です。

　私は地を見た。
　そこは混沌であり
　天には光がなかった。
　私は山々を見た。
　そこは揺れ動き
　すべての丘は波立っていた。

(エレ 4 章 23-4 節)

この「混沌として（トーフー・ヴァ・ボーフー）」という表現は、旧

---

(2) George Caird, *The Language and Imagery of the Bible* (Philadelphia: Westminster Press, 1980), 256 を参照。

約聖書では創世記１章２節のみに用いられる表現で、神の天地創造に先立つ混沌とした状態を指します。しかしエレミヤは、ここで世界が天地創造の前の混沌とした原初の状態に逆戻りしてしまった、と言いたいのではありません。エレミヤはエルサレムが北からの脅威によって破壊されるのを予見し、その破壊の様を、天地創造に関する言語を用いて語っているのです[3]。これが、世界終焉の言語を用いながら、実際の世界の終焉ではない出来事を描く実例です。もう一つの例を、イザヤ書に見出せます。

　　見よ、主の日が来る。
　　容赦ない憤りと燃える怒りをもって
　　地を荒廃させ、そこから罪人を絶つために。
　　空の星と星座は光を放たず
　　太陽が昇っても暗く、月もその光を照らさない。

　　　　　　　　　　　　　　　　　　　　（イザ 13 章 9-10 節）

　この一節も、天変地異を表しているように見えますが、実際はメディア人によって「バビロンは神がソドムとゴモラを覆した時のようになる」（イザ 13 章 19 節）ことを指しているのが分かります[4]。これも、世界終焉の言語を用いて、歴史上の重大な政治的出来事を描いている実例です。ケアードは、このことはイエスが世

（3）前掲書、259 を参照。
（4）George Caird, *Jesus and the Jewish Nation* (London: Athlone Press, 1965),
　　19 を参照。

界終焉の言語を用いている場合にも当てはまる、と論じました。

・イエスと「人の子」

　マルコ福音書は四福音書の中で一番初めに書かれた福音書だ、ということは広く認められています。そしてマルコ福音書によれば、弟子たちがオリーブ山でイエスに尋ねたのは、壮麗なエルサレム神殿がいつ崩壊し、またその崩壊に先立つ前兆やしるしはどんなことか、という点であり、キリストの再臨や世界の終焉については話題にしてはいないの(5)。しかし、イエスは神殿崩壊の前触れではなく、世界の終焉に先立つ前兆について語りだしたようにも見えます。イエスは偽メシアの登場や戦争のうわさを前兆として挙げ、「だが、まだテロスではない (ἀλλ᾽ οὔπω τὸ τέλος)」(13章7節) と語ります。聖書協会共同訳では「まだ世の終わりではない」と訳されていて、イエスが世界の終わりについて語っているかのような印象を与えますが、テロス (τέλος) は「成就」とも「完了」とも訳せる言葉であることに注意が必要です。つまり、世の終わりとは関係なく、「神殿崩壊への道のりはまだ完了していない」とイエスが語っていたとも取れるのです。

　しかし、特に24節以降からはイエスは明らかに世界の終わりについて語っているのではないでしょうか？　そこでは天変地異が起きて、それから「人の子」がやって来て歴史を終わらせ

(5) マタイ福音書では、「あなたのパルーシアとこの時代の終わりのしるしは？」(24章3節) という問いが加えられています。だが、ここでの「パルーシア」は必ずしも再臨を指すとは限らないのです。

る様子が描かれているように思われます。もしそうだとすれば、なぜイエスは神殿の崩壊から世界の終焉へと一足飛びに話題を変えたのでしょうか？　この問いに対し、一部の研究者たちは、この世界終焉の予告はイエス本人に由来するものではなく、黙示的な世界観を持つユダヤ人キリスト教徒によって付け加えられたものだ、というようなことを主張してきました[6]。つまり、マルコ13章には複数の異なる伝承が混在しているので、話の流れが一貫していないのだ、というのです。では、イエスがイザヤやエレミヤのように、世界終焉の言語を用いて歴史上の重大な政治的出来事を描いていたのだとしたらどうでしょうか。イエスの「太陽が暗くなり、月は光を放たず、星は天から落ち、天の諸力は揺り動かされる」という言葉は、イザヤ書など旧約の預言書からの引用です。先に見たように、イザヤはこの表現によって世界の終焉を予告したのではなく、世界的な大帝国の崩壊を語っていたのです。イエスも同じようにしたのだと、どうして言えないのでしょうか？　ケアードは、イエスが文字通りにすべての天体が崩壊する様を語っていたのではなく、神の住まわれるところ、天と地が交わるところと信じられてきた「神殿」の崩壊という時代の終焉を告げる重大な出来事を、シンボリックな言語で言い表していたのだ、と指摘します[7]。

（6）George R. Beasley-Murray, *Jesus and the Last Days: The Interpretation of the Olive Discourse* (Peabody, Ma.: Hendrickson, 1993), 13-20 を参照。

（7）Caird, 1980, 266-7. このような解釈の先駆的研究として、Cf. J. R. Russell, *The Parousia* (2nd ed., London : T. Fisher Unwin, 1887), 80-81 ; Ezra P. Gould, *Critical and Exegetical Commentary on the Gospel according to St. Mark* (Edinburgh: T. & T. Clark, 1896), 250-2.

さらにケアードは、再臨を表すと信じられてきた「人の子が大いなる力と栄光を帯びて雲に乗って来る」という一文について、新しい見方を提示します。このイエスの言葉は、ダニエル書7章からの引用です。

　　私は夜の幻を見ていた。
　　見よ、人の子のような者が
　　天の雲に乗って来て
　　日の老いたる者のところに着き
　　その前に導かれた。
　　この方に支配権、栄誉、王権が与えられ
　　諸民族、諸国民、諸言語の者たちすべては
　　この方に仕える。
　　その支配は永遠の支配で、過ぎ去ることがなく
　　その統治は滅びることがない。（ダニ7章13-14節）

　このダニエルの幻で注目すべきは、「人の子」が雲に乗って向かうその先です。人の子は雲に乗って地上に来るのではなく、天上に来るのです。そうして「日の老いたる者」と呼ばれる神から、万物の支配権を渡されます。このダニエルの見た幻に登場する「人の子」がイエス・キリストであるならば、ダニエルが目撃した「人の子が来る」という出来事の意味は再臨ではなく、「高挙」です。キリストは復活の後、天に上げられて「天と地の一切の権能を授かっている」（マタ28章18節）のですが、「人の子が来る」とはまさにそのことを示しているのです。このよう

な観点から見れば、イエスの同時代の人々が生きている間に「人の子が来る」というイエスの預言は、見事に成就したことになります。ケアードは、イエスの教えにある「人の子」の来臨の意味について、次のように解説します。

　　イエスの教えにおける「人の子」のイメージはダニエル書から採られたものだが、ダニエル書においてそうであるように、「人の子が天の雲に乗って来る」という表現は、原始的な宇宙旅行のようなものとしては決して理解されなかった。むしろそれは、歴史のただ中における、民族的な意味での、壮大な運命のどんでん返しを表すシンボルとして理解されたのである。[8]

　ダニエル書において「人の子」は、神に逆らう「獣」と呼ばれる怪物に打ち負かされたように見えました（ダニ7章21節）。しかし実際は、人の子にこそ国と力と栄とが与えられ、獣は神によって裁かれます。「人の子が来る」とは、この劇的な運命の転換を象徴的に表します。同じように、十字架上で死んだイエスは、ユダヤやローマの権力者たちによって打ち負かされたように見えました。だが、その後の復活と高挙により、イエスこそ世界の主であることが示されます（使2章36節）。そしてイエスを迫害したエルサレムの神殿体制は、イエスがマルコ福音書13章で予告した通りに、神の裁きによって紀元70年に崩壊しました。つまり「人の子が来る」とは、今や獣と堕してしまったイ

(8) Caird 1965, 20 [拙訳]

スラエル神殿体制への裁きと、イエスの天上における戴冠を示すシンボリックな表現だと解けるのです。

　このような視点からマルコ13章を改めて読み直すと、まったく異なる理解が生じます。13章26節に続く27節にはこう書かれています。

　　その時、人の子は天使たちを遣わし、地の果てから天の果てまで、選ばれた者を四方から集める。

　このように読むと、ここに書かれているのはパウロが第一テサロニケ4章で語っている、いわゆる携挙のことではないか、という印象を持たれるかもしれません。しかし、「天使たち」と訳されているギリシア語のアンゲロス (ἄγγελος) は「天使」という意味にも取れるが、より一般的には「使者」、「メッセンジャー」という意味です。そして、「遣わす」という動詞はアポステロー (ἀποστέλλω) であり、「使徒」という英語の apostle の語源となった言葉です。つまりこの文は「人の子は使徒たちを地の果て、天の果てにまで遣わす」と訳すことも可能なのです。そうすると、27節も再臨についての記述ではなく、人の子として戴冠されたキリストによる「大宣教命令」である、という結論が導かれます。

　このように、ケアードは「人の子が来る」という表現を、「人の子」たるイエスを滅ぼそうとした勢力への神の裁きとして理解します。そしてその裁きは、紀元70年の神殿崩壊によって頂点に達しました。ケアードはこう指摘します。

事実として、複数のイエス伝承で、人の子が来ることとエルサレムの崩壊とは分かちがたく結びつけられているのである。[(9)]

　ケアードの理解によって、「神の王国が来る」ことと「人の子が来る」こととがイエスの同時代の人々が生きている間に起こる、というイエスの予告に新しい光が当てられます。「人の子が来る」ことは、神殿崩壊による古い時代の終わりと同時に、「人の子」による支配の始まりであり、それは「神の王国」の到来と同じ意味なのです。そのように考えれば、冒頭に引用した次のイエスの言葉も、実に得心がゆくものとなります。

　　よく言っておく。ここに立っている人々の中には、人の子が
　　王国と共に来るのを見るまでは、決して死なない者がいる。
　　（マタ16章28節）

　このケアードの提題は、英国の後続の聖書学者たちに大きな影響を及ぼしました。ここで一つ注意したいのは、ケアードも、彼の学説を継承した研究者らも、キリストの再臨そのものを否定したのではないことです。キリストの再臨を指す箇所は使徒言行録1章11節や第一テサロニケ4章などであり、マルコ福音書13章ではない、ということです。ケアードの功績は、イエスの「人の子」発言を旧約聖書の背景から理解したことと、原始キリスト教にとっての紀元70年のエルサレム崩壊の衝撃の大きさを再確認させたことにあると言えるでしょう。

（9）前掲書、21 [拙訳]

第9章
「神の王国」とユダヤ教各派
マーカス・ボーグ

・イエスとユダヤ教

　イエスの宣教の狙いがイスラエルの刷新にあったとするならば、そのような刷新運動に抵抗する守旧派、つまりユダヤ人共同体の既存の指導者たちとの軋轢は避けがたいものとなります。実際、イエスがユダヤ教の内部での「対決」に直面していたことは各福音書の証言するところです。イエスは、トーラー（モーセの律法）の厳格な解釈者・実践家を自負するファリサイ派や、エルサレム神殿を管理する祭司階級のサドカイ派たちとの論争や対峙を繰り返しています。では、イエスは具体的にはどのような点で彼らと対立していたのでしょうか。このことを理解するためには、イエスの時代のユダヤ教について正しく認識する必要があります。そこで本章では、イエスとユダヤ教各派との「対決」に光を当てたマーカス・ボーグ（Marcus Borg, 1942 ~2015）を取り上げます。ボーグはケアード門下生の一人で、20世紀後半の史的イエス研究の第一人者でした。

・聖化運動としてのファリサイ派

　ボーグは、当時のユダヤ教を特徴づけたものは「聖性」の飽

くなき追及だった、とします。特に、ファリサイ派運動とは「イスラエル聖化運動」だったとも言えます。聖書は、神の民であるイスラエルに聖なる者となれ、と命じます。

> 主はモーセに告げられた。「イスラエル人の全会衆に告げなさい。聖なる者となりなさい。あなたがたの神、主である私が聖なる者だからである。」（レビ 19 章 1-2 節）

では、「聖なる者となる」というのは具体的にはどういうことなのでしょうか？　ボーグによれば、ユダヤ教において、「聖性」とは穢れたものからの「分離」として理解されていました。つまりユダヤ人たちは、人間を含めたあらゆる穢れた存在から分離することによって、自らの「聖性」を保とうとしたのです。ユダヤ人にとって、トーラーを守らない外国人は穢れた存在であり、バビロン捕囚後には穢れた外国人からの分離の必要性が特に強く叫ばれました。ネヘミヤ記には次のような記述があります。

> その日、モーセの書が民に読み聞かされ、アンモン人とモアブ人は神の会衆にとこしえに加われないとそこに記されているのが分かった。［……］人々はこの教えを聞くと、混血の人をすべてイスラエルから切り離した。（ネヘ 13 章 1、3 節）

エズラ記にも、外国人の妻をめとっていたユダヤ人たちは、彼女たちを皆離縁したと記されています (エズ 9-10 章)。イスラエ

ルの聖性の追求は、外国人、俗なる者、そして穢れた者との徹底した「分離」という形で追及されたのです。この「分離による聖性の追求」は、紀元前2世紀のマカバイ戦争以降、ますます強化されました。マカバイ戦争とは、シリアの王アンティオコス四世（エピファネス）が、イスラエルのヘレニズム化を企む一部のユダヤ人と共謀し、ユダヤ全土にヘレニズム文化を強要した結果起きた反乱のことです。アンティオコス・エピファネスは、割礼などトーラーを守ることを禁止し、割礼を子供に施したユダヤ人を殺させました[1]。また、エルサレムの神殿の祭壇には「荒廃をもたらす憎むべきもの」（ゼウス像のことか？）を立て、これを冒瀆しました[2]。「トーラー」と「神殿」という、神の民の二つのシンボルを否定されたことに対し、ユダ・マカバイ率いるユダヤ人のグループはエピファネスに対して反乱を起こし、これに勝利しました。そしてこの劇的な勝利を通じ、ユダヤ人たちにとって「トーラー」と「神殿」の聖性を守ることと、外国人の侵略から自らを守ることとは、同じ意味合いを持つようになっていきました。言い換えれば、イスラエルの聖性の追求は、トーラーや神殿を軽んじる「罪人たち」や「穢れた者たち」（外国人や、外国人と共謀する裏切者のユダヤ人）との分離を通じて追及されるべきものとなったのです[3]。

こうして、イスラエルの聖化運動は分離主義的な色彩を強め

（1）旧約聖書続編　第一マカバイ記1章60-1節を参照。

（2）第一マカバイ記1章54節 ; 第二マカバイ記6章3節参照。

（3）Cf. Marcus J. Borg, *Conflict, Holiness, and Politics in the Teaching of Jesus* (Harrisburg: Trinity Press International, 1984), 69.

ていったのですが、その具体的な方策は様々でした。クムラン
の隠遁生活に退いた人々は、ユダヤ民族全体が外国勢力との妥
協によって穢されていると見なし、同胞のユダヤ人たちからと
さえ自らを分離しました。それに対しファリサイ派は、「内側か
らの改革」を目指しました。すなわち、ユダヤ人たちの間から
出て行くのではなく、逆に他のユダヤ人たちを教え込んで、「穢
れた人々」から徹底的に分離するように促したのです。そして
聖なるものを「取り分ける」ことを極めて重視した結果、彼ら
は「安息日」と「十一献金」をとりわけ強調しました。安息日
とは、週七日の内の一日を聖なる日として取り分ける（＝分離す
る）ことです。また、十一献金も、収穫の中から十分の一を取
り分ける（＝分離する）ことです。これらを厳守することは、イ
スラエルの聖性を高めることになります。そして、食事におい
て聖性を保つことを特に強調し、あたかも自分たちが神殿に奉
仕する祭司であるかのように振る舞い、穢れた人々を神の食卓
から徹底して排除しました。

・罪人を招く神の憐れみ

　このようなパファリサイ派にとって、イエスの行動は自分た
ちの聖化運動をことごとく否定するものとして映ったことで
しょう。彼らが特に重視する安息日や食事において、イエスは
彼らを怒らせるような行動を取りました（マル3章1-6節、7章
1-15節等を参照）。実際、ボーグによれば、イエスは分離主義運
動としてのファリサイ派運動を批判する狙いから、彼らの反発
を覚悟であえてこうした行動に出たのです。イエスは、分離を

通じての聖化というファリサイ派運動に反対し、むしろ神の憐れみが穢れた人々を包み込むという運動を展開したのです。ファリサイ派運動のスローガンが「聖なる者となりなさい。あなたがたの神、主である私が聖なる者だからである」であったとするならば、イエスのスローガンは「あなたがたの父があわみ深いように、あなたがたもあわみ深くなりなさい」（ルカ6章36節、新改訳2017）でした。そして神のあわれみは、神の契約の中にいる「義しい」人だけでなく、契約から排除されている不義な人々、罪人たちに対しても同じように注がれるのだ、というのがイエスとファリサイ派の神学との決定的な違いでした。その違いを最も鮮明に、かつ分かりやすく表明したのが有名な「放蕩息子の譬え」（ルカ15章11-32節）です。ここで、父の戒めはみな守ってきたものの、ユダヤ人にとって穢れた動物である豚を飼うほどまでに零落した弟に対し、父のようには憐みの心を示そうとしない兄の態度がファリサイ派の人々を暗示しているのは明らかでしょう。また、「善きサマリア人の譬え」（ルカ10章25-37節）も、「分離を通じての聖さ」と「憐れみ」との対比を強調します。祭司やレビ人は、半殺しにされた人を助けませんでしたが、それは彼らが「憐れみ」よりも「聖さ」を求める律法を優先させた結果でした。祭司たちは人助けを嫌うほど冷たかったわけではありません。だが、彼らは死体に触れて穢れると神殿での務めを果たせなくなってしまうので、生きているのかどうか分からない人に触れようとはしなかったのです。この点についてボーグは次のように指摘します。

律法の聖性の要求に則った祭司やレビ人の行動に対し、（ユダヤ人から見れば）異端で混血のサマリア人の行動が対比されている。彼の取った行動は、聖性のモットーではなく、憐れみという言葉で要約できるものだった。[4]

イエスの宣教は、「内（聖なる民）」と「外（穢れた外国人）」という排除の論理ではなく、「外」の人々をも包み込む神の憐れみによって特徴づけられていた、とボーグは言います。「父は、悪人にも善人にも太陽を昇らせ、正しい者にも正しくない者にも雨を降らせてくださるからである」（マタ5章45節）というイエスの言葉は、神の愛が注がれるのは契約の中にいる「義しい人」、「聖なる人」だけに限定されないことを示しています。

　だが、イエスは決して「聖さ」の大切さを軽視したわけではありません。イエスにとっての「聖さ」とは、穢れた人やモノから自らを分離することで達成されるようなものではなかったのです。むしろ「聖さ」とは、神の憐れみの愛によって穢れを乗り越え、穢れた者を聖なる者へと変容させる力なのです。[5]

・富を独占する大祭司たち

　これまではイエスとファリサイ派との対立の原因について考察してきましたが、イエスにとってファリサイ派以上の宿敵となったのはエルサレム神殿を管理する大祭司以下の貴族階級でした。彼らこそがイエスを死に至らしめる権限を持ち、またそ

（4）前掲書、119 [拙訳]
（5）前掲書、147-9

のように行動した勢力だったからです。ここで注意したいのは、今日の日本では牧師などの聖職者には清貧のイメージがあるでしょうが、大祭司たちはユダヤ社会の中では途方もない「金持ち」だったことです。また、古代社会における「金持ち」とは現代のそれとは大きく異なっていました。

　高度に発達した資本主義社会である現代の日本において、「金持ち」になるチャンスは誰にでもある、と言えるかもしれません。もちろん、昨今の日本はますます格差社会になっており、高等教育を受けるチャンスが誰にでも開かれているとは到底言えません。それでも、本当の金持ちになるのは学歴エリートよりもスポーツなどの一芸に秀でた者であり、技術革新の目覚ましい今日においては大企業のサラリーマンよりもIT系のベンチャー企業に飛び込む若者の方が桁違いの金持ちになるチャンスは遥かに大きいでしょう。才能と幸運に恵まれれば、誰でも金持ちになり得るのです。その背景として、現代文明は数度にわたる産業革命を経て飛躍的に生産力を増大させ、基本的には「モノ余り」の社会だという事実があります。

　だが、イエスの時代のユダヤ社会をそのように考えることは出来ません。食糧などの生産手段は限定されていて、飢饉などの自然災害によって常に「モノ不足」に直面する恐れがありました。つまりパイ自体が小さかったのです。大多数の人々にとって、「富」はまったく縁遠いものであり、むしろ何もかもを失ってしまう可能性の方がずっと大きかったのです。「富」を持つことができたのはごく少数の人々でした。そして、モノが限られている社会において金持ちになるには、他の人から奪うほかな

いのです。当時のユダヤ人の生活を考える上で、ユダヤ社会の大多数を占めた農民たちがどのような「税負担」をしていたのかを知ることは非常に大切です。まず、モーセの律法に従って、彼らは祭司たちやレビ人たちに収穫の十分の一を納める義務があり、それとは別に神殿での宗教活動を支えるためにもう一割の税負担がありました。さらには三年に一度は、貧しい人々のために収穫の一割を取っておく必要がありました。つまり、収穫の二割から三割を律法に従って納めたのです。⁽⁶⁾紀元前63年からローマ帝国の支配下に置かれたユダヤ人たちはこれらに加えてローマ帝国、あるいはローマの傀儡（かいらい）政権であるヘロデ一門に種々の税金を納めなければなりませんでした。それらは収穫の二割ほどに達したと考えられます。ユダヤの農民たちは宗教税とローマへの税金として、収穫の四割から五割を納める必要があったのです。ユダヤ人にとって宗教税は単なる税金ではなく律法の命令であり、それを納めない者は律法違反者、または「穢れた者」となってしまいます。⁽⁷⁾そこで借金をしてでも税を納めようとするのですが、不作のために返済が滞ると土地を失い、小作農に転落してしまいます。そうすると、さらに地代の支払いのために三割近い収穫を納めなければなりません。ユダヤの貧しい小作農は収穫の七割近くも税や地代として支払わなければならなかったのです。彼らに「富」は縁のないものであったのは、当然のことでした。

（6）前掲書、47-8 参照。

（7）マーカス・ボーグ『イエス・ルネサンス』（小河陽監訳、教文館、1997 年）217 頁参照。

イエスは富や「金持ち」をしばしば厳しく批判しましたが（マタ6章24節；19章24節など）、こうした貧しい農民たちがその非難の対象には含まれていないことに注意すべきです。ボーグはこう指摘します。

　　我が生涯において追い求めるべきは、富裕か、それとも神への奉仕か。しかしこうした選択は、紀元一世紀のパレスティナという高度に階層化した社会的世界の農民生活には存在しなかったのである。この［イエスの富を批判する］言説は優柔不断な個人や意志強固な個人に向けた助言ではなく、ある社会階級つまりエリートを告発するものであり（お前たちは富裕でありながら神に仕えることはできない）、更には富と無関係な生活の仕方を示唆するものなのである。[8]

　では、イエスが非難した「金持ち」とはどのような人たちなのでしょうか。当時のユダヤ社会の特異性は、宗教的権威の頂点に立つ大祭司一族こそが、こうした「金持ち」の典型であったということです。小作人に転落していった農民たちの土地を吸収して大地主になったのが、大祭司一族だったのです。モーセの律法によれば、レビ族である祭司たちは土地を持つことが出来ないはずでした。だが、「トーラーが祭司の土地所有を禁じていたにもかかわらず、それは明らかに、土地を所有することができないという意味ではなく土地を耕すことが許されないと

(8) ボーグ、前掲書、205-6頁。
(9) 前掲書、215頁。

いう意味に解釈された[9]」。大土地所有者である大祭司一族の下には、宗教税や地代の名目で、貧農たちの収穫の多くが転がり込んだのです。本来、旧約聖書は富が一部のユダヤ人に集中するのを禁じ、五十年に一度はすべての負債が帳消しになり、また奪われた土地が元の所有者に戻されるという「ヨベルの年」を設けるように命じています（レビ25章）。けれども、第二神殿時代にヨベルの年が実施されたという記録はありません。そのため、ユダヤ社会の富の不均衡の是正がなされなかったのです。

・イエスの神殿での行動

　全てのユダヤ人にとっての聖なる場所であるエルサレム神殿を管理していたのは、このような富裕な大祭司一族でした。そして、イエスのエルサレムでの最後の一週間の初めになされた、イエスの神殿での衝撃的な行動は、こうしたエルサレム支配層への告発として捉えるべきだとボーグは論じます。イエスは両替人や鳩を売る人たちの台をひっくり返しましたが（マコ11章15-17節などを参照）、イエスの告発の真の対象はこれらの行商人ではなく、むしろ彼らが仕える主人、つまり神殿エリートたちだということです。実際、これらの両替人や鳩売りが不正な商売をしていたという証拠がないことに注意すべきです。ユダヤ人の巡礼者や礼拝者たちにとって、神殿税を納めるためにローマの硬貨（そこにはカエサルの顔が彫ってあり、偶像礼拝的だと見なされた）をユダヤの適法な硬貨に替えてくれる両替商や、（比較的安価な）神への献げものである鳩を売ってくれる商人は、礼拝のために必要不可欠な人々でした。ボーグは次のように論じま

す。

　両替人も鳥売りも、エルサレムのエリートたちに金を引き寄せる貢納形態の生産の中心に立つ神殿体制の一部であった。この文脈においては、神殿の「料金机」を引っ繰り返す行為には、本質的に抗議を表現する意味がある。それは神殿のありように対する抗議だった。つまり支配エリートが君臨し、聖書解釈に基づく清浄イデオロギーが正当化する経済的搾取体制の中心に対する告発だった。破廉恥な商人に対する告発ではなく、エリート自身に対する告発だったのである。[10]

　イエスの告発は単に目の前の行商人たちが不正な商いをしているというようなことではなく、イスラエルの心臓部にあたる神殿が富の搾取のシンボルとなっているという、根源的な糾弾だったのです。そして、預言者エレミヤの告発の言葉をイエスがそのまま引用した「強盗」という言葉は（エレ7章11節；マコ11章17節）、文字通りの山賊や押し込み強盗のことではなく、貧農から富を強奪する「大祭司たち」たちに向けられたものなのだ、とボーグは言います。

　エレミヤの神殿説教への暗示は、商人が値下げするか他の場所で活動しさえすれば万事がうまくいくかのような、そんな商人の不当な暴利や神殿境内の不法占拠を示唆するものではない。むしろ、告発はエリートに向けられたものであって、

（10）前掲書、224頁。

机についていた商人に向けられたものではない。エレミヤの時代と同様、エリートは神殿を強盗と暴虐なる者の巣にしてしまっていた。[11]

　イエスが逮捕され十字架刑に処せられた最も大きな原因は、イエスの神殿でのこの行動にあるとされます。ボーグによれば、イエスはイスラエルの預言者たちの伝統に連なる者として、まさに命がけでイスラエル指導部の不正を告発しました。なぜなら、大祭司たちこそ、神よりもマモンに仕える者と映ったからです。

（11）前掲書、226頁。

第 10 章
「神の王国」とローマ帝国
リチャード・ホースレー

・ローマ帝国の傀儡としての大祭司

　前章の後半では、イエスとイスラエルの宗教・政治権力者である大祭司たちとの「対決」というテーマを考察しました。ここで忘れてはならないことは、当時のイスラエルはローマ帝国の支配下に置かれていた植民地だった、という厳然たる事実です。実際、ユダヤの宗教・政治的権威の頂点に立つエルサレムの大祭司の任命権はローマ帝国によって握られていました。本来は終身制の職務であるはずの大祭司が、（まるでどこかの国のかつての総理大臣のように）一年ごとにコロコロと交代していましたが、それはローマ帝国の意向を反映してのことでした[1]。ローマの意に沿わない大祭司はすぐに更迭され、別の大祭司にすげ替えられたのです。そのためイスラエルの最高権威者たる大祭司は、いつもローマ総督の顔色をうかがうことになりました。逆に言えば、宗主国たるローマとの関係さえうまくやっておけば、長期政権も夢ではなかったのです。その典型が、イエスの時代の大祭司であるカイアファであり、彼は在位 18 年という異例の長期政権を達成しました。カイアファは特にローマ総督ピラト

（1）ヨセフス『ユダヤ古代誌』20:249-251 参照。

とは蜜月関係を築いたようで、ピラトが紀元36年にユダヤ属州総督から更迭されると、カイアファもその後を追うようにして大祭司職を退いています。

　ローマに追従していたのは大祭司だけではありません。ヘロデ大王はアントニウスや皇帝アウグストゥスの後ろ盾でユダヤ王となりましたが、彼の跡を継いでパレスチナ地方の王や領主になったアンティパス、フィリポ、アグリッパ1世（ヘロデ大王の孫）などはすべてローマ皇帝の庇護の下、ローマで教育を受けています。つまり、ユダヤの統治者はみな親ローマ、もっとありていに言えばローマの傀儡だったのです。

・イエスとローマ帝国

　このような大祭司の弱い立場を考えると、イエスがイスラエルの神殿エリートの頂点に立つ大祭司カイアファとその取り巻きを厳しく糾弾した時、その背後にいるローマ帝国についてはどのように見ていたのだろうかという疑問が生じます。譬えて言うならば、日本の歴代政権の沖縄政策を批判する人々が、その背後にいるアメリカ合衆国大統領の意向や影響にまったく気が付かないなどということがあり得るのだろうか、という問いです。しかし、四つの福音書を読んでも、イエスがローマ帝国やローマ総督を厳しく糾弾した場面は見当たりません。福音書のみならず、新約聖書全体を見渡しても、ローマに批判的なことを書いている箇所はほとんど見出せないのです。唯一の例外はヨハネの黙示録で、例えば「この女が座っている七つの丘」（ヨハ黙17章9節）とは、帝都ローマの七つの丘のことを指して

いて、それゆえ大淫婦バビロンとはローマ帝国を指していると理解することは当時の人々にとっては難しいことではなかったでしょう。それにしても、ローマ帝国はこのような遠回しの表現で暗に批判されるだけで、ローマが直接名指しされて厳しく批判されている箇所は新約聖書にはほとんど皆無だと言えるくらいです。旧約聖書では、イスラエルの預言者たちは偶像礼拝に走ったイスラエルの指導者たちを厳しく批判するのと同時に、当時の世界帝国であるエジプト、アッシリア、バビロンなどの破滅をも大胆に宣告しました。イエスはこれらのイスラエルの預言者たちとは異なり、ローマ帝国については無関心、あるいは無批判だったのでしょうか。

・被征服民によって書かれた文書である福音書

今日の世界の超大国アメリカ合衆国における史的イエス研究の第一人者であるリチャード・ホースレー（Richard Horsley, 1939~）は、イエスの宣教を理解する上で、当時のユダヤが世界の超大国たるローマ帝国の植民地であったということをとりわけ重視します。多くのアメリカ人が、アメリカの「裏庭」であるエルサルバドルやニカラグアなどの民衆がアメリカに対してどのような気持ちを抱いているのかよく理解できないように、他国によって植民地支配をされた経験のない今日の西洋社会の読者たちは、ローマの被征服民であるユダヤ人の手によって書かれた福音書の内容をつかみ損ねているのではないか、とホースレー

（2）Richard Bauckham, *The Climax of Prophecy* (London: T & T Clark, 1993), 395 参照。

は問題提起します。

> ［マルコ福音書の］ストーリーは、今日のニューヨーク・シティ
> やロンドンに該当するローマやアテネで起こったのでもな
> ければ、今日のアイオワやネブラスカにあたる古代イタリア
> の郊外で起こったのでもなかった。むしろそれは、今日で言
> えばイランやアフガニスタンに相当する、パレスチナの地で
> 起こったのである。［……］古代のローマ人やギリシア人は、
> ガリラヤがどこにあるのかを知らなかっただろう。ちょうど
> それは、現代のアメリカ人がイランの僻地の村々で、イラン
> 革命勃発前に何が起きていたのかを知らなかったのと同じ
> ことだ。イラン革命はシャー［イランの国王］に対して反旗を
> 翻したものだが、彼の支配はアメリカによって支援されてい
> たのだった。(3)

　当時のパレスチナの地を支配していたローマ帝国は、平和を
愛する慈愛に満ちた支配者などではありませんでした。むしろ、
逆らう民衆には暴力と恐怖をもって臨む恐るべき征服者であり、
その暴力と恐怖の象徴が「十字架」でした。たとえ福音書にロー
マ帝国への批判めいたことは一切書かれていないとしても、イ
エスが十字架に架けられたという事実そのものが、当時の民衆
たちにローマによる恐怖の支配を思い起こさせたことでしょう。
だが、ホースレーによれば、福音書記者は（おそらくはキリスト

（3）Richard A. Horsley, *Hearing the Whole Story: The Politics of Plot in Mark's Gospel* (Louisville: Westminster John Knox, 2001), 27 [拙訳]

教運動をローマによる迫害から守ろうとする政治的な配慮から）公然
と当時のローマを批判するような記事は書かなかったけれども、
分かる人には分かる形でローマ批判を展開しているのです。まさ
に、「読者は悟れ！」（マコ 13 章 14 節）ということです。

・「レギオン」

　ホースレーは、マルコ福音書 5 章に記録されている[4]、ゲザラ
の地でのイエスの悪霊払いに注目します。

> イエスが舟から上がられるとすぐに、汚れた霊につかれた人
> が、墓場から出てイエスを迎えた。この人は墓場に住みつい
> ていて、もはやだれも、鎖を使ってでも、彼を縛っておくこ
> とはできなかった。彼はたびたび足かせと鎖でつながれた
> が、鎖を引きちぎり、足かせも砕いてしまい、だれにも彼を
> 押さえることはできなかった。それで、夜も昼も墓場や山で
> 叫び続け、石で自分のからだを傷つけていたのである[5]。

　この汚れた霊につかれた男の悲惨な状況は、個人的な悲劇で
あるのを超えて、彼の属している共同体全体の悲劇をも象徴的
に体現している、とホースレーは示唆します。つまり、「汚れた
霊」に取りつかれていた男の姿には、「ローマ帝国」という悪霊
に取りつかれていた彼の村が二重写しになっている、というこ
とです。ローマによって課される重税と、反抗する者に容赦な

（4）並行記事として、マタイ福音書 8:28-34; ルカ福音書 8:26-39。
（5）マルコ福音書 5:2-5。

く下される暴力とが、村の人々から生きる気力や正気を奪っていきました。その村の病理が集中的に表れたのが、この可哀そうな男性だったのです。

　　しかし、イエスが汚れた霊に「この人から出て行け」と命じるとすぐに、イエスはその霊の名を引き出すことができた。「レギオン」である。ギリシア語を話す聴衆は直ちに、このラテン語の言葉の意味するものを理解しただろう。それはローマの軍の軍団名であり、彼らはこの軍団が情け容赦なく彼らの村を襲い、近隣の村々の家々を焼き払い、人々を奴隷にし、また殺戮し、彼らの持ち物を略奪したことを最近経験していただろう[6]。

　この「レギオン」がローマの軍団を暗示するものなら、彼らが豚の中に入り、「湖でおぼれ死んだ」という下り[7]は、旧約聖書の有名な出来事を思い起こさせます。それはエジプトを脱出したモーセ一行を追って、海でおぼれ死んだファラオの軍団のことです[8]。このような視点からイエスの悪霊払いを見る時、それは単に個人の癒しや救いに留まらない、ローマ帝国からの奴隷解放のメッセージを読み取ることも可能です。しかし、このイエスに対する人々の反応はさらに意味深です。

---

(6) Horsley, 前掲書、140 [拙訳]

(7) マルコ福音書 5:13。

(8) 出エジプト記 14:26-28; 15:4-5。Cf. Horsley, 前掲書、141

すると人々は、イエスに、この地方から出て行ってほしいと懇願した。[(9)]

　イエスの行動にこのような政治的意味合いが暗示されていたのだとしても、人々はそれを決して歓迎しなかったことは注目されます。人々にとっては、解放の希望よりもローマとの衝突から生じるであろう厄介ごとへの不安の方が、重くのしかかっていたのかもしれません。

　・「皇帝のものは皇帝に」
　イエスとローマ帝国との関係を考える上で、最も頻繁に引用されるのがエルサレム神殿でのローマ皇帝への納税の是非をめぐる論争でしょう。イエスは、ローマ皇帝に税金を納めてよいのかどうかと問われ、「皇帝のものは皇帝に、神のものは神に返しなさい」（マコ12章17節）と答えました。では、この言葉に込めたイエスの真意とはどんなものだったのでしょうか。伝統的には、ローマ皇帝のもの（つまり政治的な事柄）では皇帝に従い、税金も納めなさい。しかし神のもの（つまり宗教的な事柄）では神に従い、献金もしっかり納めなさい、というように解釈されてきました。けれども、これは宗教と政治を明確に区別しようという近代西欧的発想に基づく区分であり、宗教と政治が密接に結びついていた古代社会では人々はそのようには考えませんでした。ローマ皇帝は政治的権威だけではなく、宗教的な権威[(10)]

（9）マルコ福音書 5:17。
（10）ローマ皇帝の神格化については、弓削達『ローマ皇帝礼拝とキリ

（ローマ皇帝は「神の子」であり、逝去した皇帝は神々の一員となりました）をも主張していたことを忘れるべきではありません。他方で、ユダヤ人にとって神は王であったのですから、イスラエルの神の権威は宗教のみならず、政治にも及ぶのは自明なことでした。つまり、イエスへの問いの中では、ローマ皇帝とイスラエルの神は次元の違う存在（政治的権威と宗教的権威）としてではなく、むしろどちらも政治にも宗教にも究極の権威を主張する存在として捉えられていたのです。イエスの尋問者たちもそのことを良く知っていて、「私たちユダヤ人が納税という形で忠誠を尽くすべき存在は、ローマ皇帝なのですか、それともイスラエルの神なのですか」と問うたわけです。

　むろん、イエスを尋問したファリサイ派やヘロデ党の人たちもユダヤ人ですから、彼らが忠誠を誓うべきはイスラエルの神のみだということは分かっていました。しかし、イスラエルの神のみに忠誠を誓うのなら、なぜローマ皇帝に税金を払うのか？　という問題が生じます。イスラエルの民と、約束の地であるカナン（パレスチナ）の地はイスラエルの神のものです。民一人一人にかけられる人頭税、あるいはパレスチナの地の産物にかけられる税金は、その正当な所有者である神のみに返すべきものです。そのため、ローマが人頭税をユダヤ人から徴収しようとして人口調査を始めた時、ガリラヤ人のユダは「神より他に王なし」というスローガンを掲げ、ローマに対して反乱を起こしました。[11]この反乱は鎮圧されましたが、その失敗にもか

スト教徒迫害』（1984 年、日本基督教団出版局）302-20 を参照。
（11）ヨセフス『ユダヤ古代誌』18.4-5。

かわらずユダは民衆の共感や支持を集め、彼の子孫たちは反ローマの闘争を続けました。このような背景からイエスへの尋問も考えるべきです。つまり、イエスがもし「ローマ皇帝に税金を納めなさい」と言えば、彼はイスラエルの神への絶対的忠誠を妥協した者と見なされ、民衆からの支持や人気を失うでしょう。けれども、「ローマ皇帝に税金を納めてはならない」と言おうものなら、反逆罪で直ちにローマ当局に訴えられてしまうでしょう。したがって、尋問者たちはどう答えようとも問題含みの問いをイエスにぶつけて、彼を陥れようとしたのです。

　ここで、イエスは彼らの問いには実際には答えていないことに注意が必要です。イエスは皇帝に税金を納めろとも、納めるなとも言っていません。単に、「皇帝のものは皇帝に、神のものは神に返しなさい」と言っただけです。イエスが語ったのは、「あなたがたが皇帝のものだと判断するものについては皇帝に返せばよいし、神のものだと判断するものについては神に返しなさい。自分で判断しなさい」ということです。税金については、その税の対象（ユダヤの民や、イスラエルの土地）の正当な所有者がローマ皇帝だと考えるなら、税を皇帝に返しなさい、ということです。しかし、尋問者たちもユダヤ人ですから、神の選びの民であるユダヤの人々や、神が彼らに与えた約束の地の真の所有者がローマ皇帝だなどとは、口が裂けても言えなかったでしょう。そこで彼らもだんまりを決め込むしかありませんでした。彼らはイエスをやり込めようとして、逆にやり込められてしまったのです。このように、この問答を通じてイエスの見事な知恵が示されています。ホースレーは次のように論じま

す。

　イエスはこの答えによって、彼を謀反人として訴える口実を
得ようとした彼らの罠を巧妙に逃れた。「皇帝のものは皇帝
に、神のものは神に返しなさい。」イエスは税金についての
問いに、「それは律法に反する」と、はっきりとは答えなかっ
た。しかし、彼の宣言は、この問答を聞いていたファリサイ
派を含むすべてのイスラエル人によって同じように理解さ
れただろう。彼は第四学派の人［ガリラヤのユダ］と同じ立場
に立っていた。もし神が並ぶもののない主であり所有者であ
るなら、もしイスラエルの民は並び立つもののない神の王権
の下で生きているのなら、すべてのものは神に属するのであ
る。皇帝に属するものは何か、という問いへの暗黙の答えは
明らかである。⁽¹²⁾

　イエスはすべてのものは神にのみ属し、皇帝に属するものは
何もない、と実質的に宣言したのです。しかし、イエスはロー
マの暴力による支配を容認しなかったものの、ローマの暴力に
対して暴力によって立ち向かうことにも反対しました。イエス
の慎重な、曖昧とも取れるような答えの背後には、イエスの平
和への思いがあったのではないでしょうか。

（12）Richard A. Horsley, *Jesus and Empire: The Kingdom of God and the New World Disorder* (Minneapolis: Fortress Press, 2003), 99 [拙訳].

第11章
力に溢れて来る「神の王国」
R. T. フランス

・神の王国はいつ来るのか？

　先の2章では、イエスの「神の王国」運動に敵対する人々との「対決」というテーマに焦点を当てました。本章では、「神の王国」の根本問題の一つを改めて考えてみましょう。イエスの語る「神の王国」の捉えどころのなさは、それが一体いつ来たのか（あるいは来ていないのか）が分かりづらいことにあります。例えば次のイエスの言葉はどう理解すべきなのでしょうか？

> 　また、イエスは言われた。「よく言っておく。ここに立っている人々の中には、神の王国が力に溢れて現れるのを見るまでは、決して死なない者がいる。」
>
> （マタ9章1節）

　ここで「現れる」と訳されているギリシア語はエルコマイ (ἔρχομαι) で、「来る」という意味です。この一文からは、イエスは神の王国の到来を未来のこととして、しかもイエスの弟子たちが生きている間の近未来の出来事として語っていたことになります。このイエスの言葉に関して、英国の聖書学者リチャー

ド・トーマス・フランス（Richard Thomas France, 1938 ~2012）は次のような自らの体験を記しています。

> 私は最近、嫌がらせメールを受け取った。そのメールによれば、キリスト教が間違いであることをはっきりと証明した、というのである。そのメールの差出人は、イエスの同時代の人々が生きている間に神の王国が来るだろうという、マルコ9章1節のイエスの明確な教えに狙いを定めている。それは起きなかったのでイエスは間違っており、したがってキリスト教そのものが信頼できない男の上に建てられているのだ、と。[(1)]

　読者の中にも、このようなことを言われたり、耳にしたことがある方がおられるのではないでしょうか。もし「神の王国の到来」の意味が、現在の世界が滅びて全く新しい超越的な世界が出現する、という意味であるのならば、イエスの弟子たちはそんな世界を見ることはなかったし、したがってイエスは間違った、という結論になるでしょう。実際、第4章で取り上げたアルベルト・シュヴァイツァーはそのように結論付けて、当時の人々にショックを与えました。しかし、本書でこれまで考察してきたように、「神の王国」とは超越的な別世界を指すというより、神の支配が新しい形でこの世界に突入するという意味に解するべきならば、イエスのこの言葉が間違っていたと簡単

（1）R. T. France, *Divine Government: God's Kingship in the Gospel of Mark* (Vancouver, Regent College Publishing, 1990), 64 [拙訳]

116　第 11 章　力に溢れて来る「神の王国」　R. T. フランス

には言えなくなります。

　それどころか同じマルコ福音書では、神の王国の到来は未来のことではなく、もう既に実現したものとして語られているようにも思われます。イエスが宣教を始めた時の第一声は、「時は満ち、神の王国は近づいた」（マコ 1 章 15 節）でした。「近づく」という意味の動詞エンギゾーの完了形（ἤγγικεν）がここで使われています。ギリシア語の完了時称は「点プラス線」を表現する[2]、つまり「一瞬の出来事（点）」ではなく、「出来事（点）が起こってその効果が持続している状態（線）」を表しているのです。したがって、「神の王国」は単に近づいただけでなく、実現しつつある、というニュアンスも含まれます。実際、イエスはここで「時は満ちた」とも宣言しています。人々が待ち望んでいた約束の時が到来し、神の支配がいよいよ実現しているのだ、とイエスが語ったとフランスは理解します[3]。したがって、イエスの公生涯の開始によって、神の王国は実質的に到来したということです。けれども、9 章 1 節ではイエスは神の王国の到来を未来のこととして語ったのではなかったのでしょうか？　イエスは神の王国の到来について、矛盾したことを語ったのでしょうか？　この問題を解くカギは、イエスの次の譬えにあるとフランスは示唆します。

　また、イエスは言われた。「神の王国を何にたとえようか。ど

（2）織田 昭『新約聖書のギリシア語文法 I』（教友社、2003 年）105 頁
　　参照。
（3）France, 前掲書、68

のようなたとえで示そうか。それは、からし種のようなもの
である。地に蒔くときには、地上のどんな種よりも小さいが、
蒔くと、成長してどんな野菜よりも大きくなり、葉の陰に空
の鳥が巣を作れるほど大きな枝を張る。」

（マコ4章30-32節）

　「からし種」は非常に小さいのが特徴です。イエスも「地上の
どんな種よりも小さい」と言っています。この小ささが、イエ
スの宣教の見栄えのしない始まりになぞらえられています。イ
エスが宣教を始めたガリラヤは、聖都エルサレムから見れば辺
境の地です。「異邦人のガリラヤ」と呼ばれるように、軽蔑の対
象ですらありました。そのエルサレムも、帝都ローマから見れ
ば植民地の中心地に過ぎません。ローマの権力者から見れば、地
の果ての片田舎で「世界の創造主の神の支配が、今ここで始まっ
ています！」と叫ぶイエスの言葉は、一笑に付されてしまうも
のだったかもしれません。まさにからし種ほどの価値もないも
のと映ったでしょう。イエスは、自分の活動がそのようにパッ
としないものであることに躓かないように、と言っているので
す。なぜなら、そのからし種はいずれ「どんな野菜よりも大き
くなる」からです。さて、ここで注意すべきことは、からし種
は小さすぎて注意しないと「見えない」ほどですが、大きく成
長すれば誰でも「見える」ようになるということです。この点
が、1章15節と9章1節のイエスの二つの言葉を関連付けるカ
ギとなるとフランスは論じます。

（4）前掲書、32

この問題に対する解決策は、本書［*Divine Government*］2章で考察したひそやかな成長という概念の中にあるように思われる。種は植えられて成長するが、成熟した植物はまだ見ることはできない。神の王政は活動中だが、それは秘密の内に働いていて、多くの人の目には留まらない。それは本当に到来しているのだが、力に溢れて到来しているようには見えない。「力に溢れて」というフレーズから、ある瞬間には神の王政は存在しないが、次の瞬間にはそれが完成する、というような時間的枠組みを思い浮かべるべきではない。そこには発展のプロセスがあり、マルコ1章15節の宣言から明らかなように、イエスがそのプロセスを開始したのである。それは自ずと、また次第に展開していくもので、人目に付かない弱い状態から目に見える力強い状態へと発展していくのだ。[5]

　イエスがマルコ9章1節で語った内容とは、イエスによって小さく始められた神の王国は、イエスの弟子たちの幾人かが生き残っているうちに誰の目にもはっきりと見えるほどにまで成長するだろう、ということなのです。では、具体的に弟子たちはどのような出来事を「見る」のでしょうか。フランスは六つの出来事をあげます。

　1. イエスの死において、神殿の幕が真っ二つに裂けたこと。
　　　ローマの百人隊長がイエスについての真理を「見た」こ

(5) 前掲書、68［拙訳］

「神の王国」を求めて ── 近代以降の研究史 　**119**

と。

2. 神のあらゆる敵への勝利としての、イエスの目に見える、力強い復活。

3. 昇天したイエスが神の右の座に着くのを「見る」こと。

4. 教会がペンテコステにおいて力を受けたこと。そして聖霊の降臨によって教会がイエスの宣教を継続したこと。

5. ペンテコステの後の数年間での教会の力強い成長。聖霊の与えるダイナミックな賜物は、新しい時代が到来したことの目に見える証拠となった。

6. 紀元70年のエルサレム神殿の破壊。これは古い秩序の終焉と、ユダヤの当局者たちが滅ぼそうとした「人の子」の正しさが力強く証明されたこととを示す、シンボリックな出来事だった。[6]

　これらの出来事のどれか一つだけが神の王国の力強い現れなのではありません。むしろこれらの出来事すべてが、神の王国がこの世界に到来していることの目に見える証拠なのです。ここでフランスの詳しい解説を以下に引用しましょう。

　結局のところ、マルコはある一つの出来事 (an event) について語ったのではないし、私たちにどの出来事が神の王国の現れなのかを推測するように促しているのではない。むしろマルコは、神の王政が力に溢れて来るのを見ることについて語っている。上に上げた出来事のどれもが、またすべてが、この

真理を明らかにしている。イエスの地上での宣教において隠されていたもの、つまりイエスがメシアであるという秘密は、十字架の前の時点にも明らかにされていた。マルコ14章62節のイスラエルの最高法院（サンヘドリン）で、イエスが公に自分がメシアであり、人の子であると宣言することによって。この状況ではイエスの立場は明らかに「力」を欠いていたものの、イエスの言葉はいずれこの状況が逆転し、「人の子が力ある方の右に座る」のを見るようになることを指し示していた。[……] では、人々はどこで「神の王国が力に溢れて現れるのを見る」ことが出来たのだろうか？これらのいずれか、またはすべての状況においてである、何が起こっているのかをその人が見抜く目を持っている限りにおいて[7]。

このように、イエスの語った神の王国の現れとは、特定の一つの出来事だけに限定されません。マルコ9章1節は、ある特定の出来事の予告ではないし、ましてやある特定の瞬間の予告でもないのです。それは、ちっぽけで誰も気が付かなかったようなからし種が大きく成長し、多くの人がその驚くべき成長ぶりを「見る」ようになることを語っているのです。

（7）前掲書、70［拙訳］

[コラム 4] 「神の王国」と「千年王国」（その2）

（コラム3からの続き）ヨハネ黙示録を読み解く際に注意すべきことは、一連の出来事が時系列的に、つまり順々に並べられてはいないことです。例えば6章14節では天地が消え失せたはずなのに、そのすぐ後の7章1節では地上世界は逆に災いから守られています。これを順序通りに考えると、全く意味が通じません。したがって、20章の出来事（千年王国）は19章の出来事（ハルマゲドンの戦い）の後に起きるものだとは必ずしも言えないのです。また、黙示録20章に書かれている「サタンが縛られること」や、「聖徒たちがよみがえること」も、キリストの再臨の時に起きるべきものだとも言い切れません。イエスは自らが悪霊払いをすることが出来るのは、サタンが縛られているからだ、と語っています（マコ3章20-30節）。2千年前のイエスの宣教の時には、サタンはすでに縛られていたのです！また、エフェソの教会へのパウロの手紙によれば、エフェソの信徒たちはすでに復活し、天の王座に着いているのです（エフェ2章6節）。もちろんここで言われる「復活」とは再臨の際の体のよみがえりではなく、地上に生きるキリスト者として新生したことです。これらの点から言えるのは、千年王国とはイエスの宣教によって開始され、教会が担っていった神の支配を指している可能性があるということなのです。

第 12 章
捕囚の終わりと「神の王国」
N. T. ライト

・旧約聖書のストーリーのクライマックス
としての「神の王国」

　英国の聖書学者ニコラス・トマス・ライト（N. T. Wright, 1948）
は、今世界で最も読まれている新約学者だと言われていますが、
日本でも翻訳書の出版が相次いでいます。ライトは四福音書を
旧約聖書の歴史のストーリー、とりわけイスラエルのストー
リーのクライマックスとして読む、ということを提唱します。
「歴史」と「ストーリー」とは別物ではないか、と思われるかも
しれないので、少し説明しましょう。私たちは歴史を語ろうと
する場合、歴史上の出来事を思いつくままに羅列することはし
ません。むしろ、私たちは歴史を理解するために、物事が物語
的に展開していくさま、つまり歴史の流れの中に起承転結を見
ようとします。私たちはこうしたストーリー的な枠組みの中で、
個々の歴史上の出来事の意味を考察します。この意味では、歴
史叙述はストーリー語りだと言えます。

　ライトは、イエスの「神の王国」とはイスラエルのストーリー
に完結をもたらすものだった、という視点を提示します。旧約
聖書に記されたイスラエルのストーリーは未完のストーリー、

相応しいエンディングを探し求めるストーリーで、そのストーリーのクライマックスこそがイエスの「神の王国」の到来だというのです。そしてこの未完のストーリーを理解する上で、「捕囚」というテーマは非常に大切です。そこで、ますバビロン捕囚以降のイスラエルの歴史を振り返ってみます。

・「捕囚」はいつ終わるのか

　預言者エレミヤは、南ユダ王国が滅亡し、イスラエルの人々がバビロンに捕囚の民として連れて行かれる激動の時代に生きた預言者でした。バビロン捕囚は二度にわたって実施されましたが、その第一陣として紀元前597年に三千人以上の人々がバビロンに向かいました。エレミヤは第一次バビロン捕囚の人々に手紙を送り、捕囚がいずれ終わることを告げて励ましています。

> 主はこう言われる。バビロンに七十年の時が満ちたらすぐに、私はあなたがたを顧みる。あなたがたをこの場所に帰らせるという私の恵みの約束を果たす。（エレ29章10節）

　イスラエルの神は、バビロン捕囚の期間を「七十年」と定めておられ、それが終われば人々はエルサレムに帰還できるとエレミヤは告げています。エレミヤがこの手紙を書き送った後、エルサレムのソロモン神殿は紀元前586年にバビロンによって破壊され、南ユダ王国とダビデ王朝の命脈はその時に尽きました。しかし、紀元前516年にはバビロン捕囚から帰還した人々によって新しい神殿が完成しています。この間、約七十年で、エ

レミヤによる預言は見事に成就したように見えました。

　しかし、聖書にはこの七十年の預言に関して、別の見方があります。その見方によれば、バビロン捕囚は七十年では終わらず、むしろずっと長く続くのです。神はそのような見方を、預言者ダニエルに啓示によって示しました。ダニエル書によれば、その著者は捕囚の民の一人でしたが、捕囚が終わり、廃墟となったエルサレムが再建されることを待望していました。ダニエルは異国の地で、バビロンの王やメド・ペルシャの王に仕えて栄達を極めながらも、祖国のことを決して忘れることはなかったのです。そしてダニエルは、エレミヤの預言から、その回復の日が近いことを知りました。

　　ダレイオスの治世第一年のことである。メディア出身で、ク
　　セルクセスの子であるダレイオスは、王となってカルデア人
　　の国を支配していた。王の治世第一年、私ダニエルが文書を
　　読んで理解したのは、預言者エレミヤに臨んだ主の言葉によ
　　れば、エルサレムの荒廃の期間が終わる年数は七十年だとい
　　うことである。（ダニ9章1－2節）

　そこでダニエルは、この約束が成就され、エルサレムが回復されるようにと主に熱心に祈ります。イスラエルの罪を告白し、民を代表して悔い改め、罪が赦され、契約の呪いとしてイスラエルに下った神の裁き、つまり捕囚が終わることを神に熱心に願い求めたのです。そのダニエルの祈りに応えて、神は天使ガブリエルを彼に遣わします。ダニエルにイスラエル民族とエル

サレムの運命を知らせるためです。しかし、ガブリエルを通じてダニエルに与えられた幻は実に不可解なものでした。

　ダニエルは捕囚が七十年で終わるものと思っていましたが、ガブリエルはその長さが実際には「七十の七」なのだと告げたからです。

　あなたの民と聖なる都について　七十週が定められている。

（ダニ9章24節）

　「七十週」は文字通りに訳せば「七十の七」ですが、上記のように訳されているのは、「七」を「七日」、つまり「一週」と解しているからです。「七十の七」とは一体何を指すのか、解釈が難しいながら、これはエレミヤの預言した「七十年」の七倍、つまり四百九十年を指すという解釈が広く受け入れられています[1]（もっとも、それを文字通りの四百九十年と取るか、あるいは非常に長い年月を象徴的に表すものであるのかについては解釈が分かれます）。いずれにせよ、ここでのポイントは、バビロン捕囚の期間は七十年だと理解していたダニエルに対し、神がエルサレムを取り扱う期間はもっと長く、七十年の七倍にも及ぶことが告げられたということにあります。

　さらに不可解なのは、ダニエルはエルサレムとその神殿が回復されることを願ったのに、ガブリエルの幻によれば、メシア、つまり油注がれた者が断たれるとか、あるいは聖都エルサレムとその神殿が破壊されるとか、ダニエルが願い求めたこととは

（1）John Goldingay, *Daniel* (Nashville: Thomas Nelson, 1996), 257-60 参照。

全く正反対の未来の幻が示されたことです。

> 六十二週の後、油注がれた者は絶たれ　彼には何も残らない。都と聖所を次の君主の民が破壊する。
>
> （ダニ 9 章 26 節）

　ダニエルは、では捕囚が終わり、イスラエルの真の回復が実現するのは一体いつなのだろうか、と大いに訝(いぶか)ったのでした。

・長引く捕囚とダニエル書の預言
　ガブリエルがダニエルに告げたことは本当でした。確かにバビロン捕囚の民は、ペルシアのキュロス王によって祖国イスラエルに帰還することを許され、物理的な意味でのバビロン捕囚は終わっています。しかし、真の意味での捕囚の終わり、預言者たちが伝えた祝福に満ちたエルサレムのヴィジョンは実現しなかったのです。預言者たちは、エルサレムはエデンの園のようになると語りました。

> そこで人々は、「荒れ果てていたこの地がエデンの園のようになった。廃墟と化し、荒れ果て破壊された町に城壁が築かれ、人の住む所となった」と言う。（エゼ 36 章 35 節）

　けれども、バビロンの地から祖国に帰ってきてはみたものの、イスラエルの人々は相変わらず外国人勢力の奴隷状態に甘んじなければなりませんでした。エデンの園とはほど遠い状態でし

た。バビロン捕囚後のイスラエル共同体のリーダーだったネヘミヤはこう告白せざるを得なかったのです。

　このとおり、今日私たちは奴隷の身です。
　その実りと恵みを享受するようにと
　あなたが私たちの先祖にお与えになった
　この地で
　このとおり、私たちは奴隷の身です。
　この地の豊かな産物は
　私たちの罪のゆえに
　あなたが私たちの上にお立てになった
　王たちのものとなっています。
　彼らは私たちの体をも支配し
　私たちの家畜も、彼らの意のままです。
　私たちは大変な苦しみの中にいます。（ネヘ9章36－37節）

　ネヘミヤは「私たちは奴隷です」という告白を繰り返します。しかも、約束の地である聖都エルサレムにいながら、外国勢力の奴隷なのです。では、なぜイスラエルの人々はこのような屈辱的な状況に置かれなければならなかったのでしょうか。それは、彼らの罪のゆえであり、彼らの罪によって引き起こされた「契約の呪い」がいまだにイスラエルを覆っていたからです。モーセの契約は、契約を結んだイスラエルの人々の前に、二つの道を示します。一つは命と祝福の道であり、それは神の律法を守ることでもたらされます。しかし、もう一つの道は死と呪

いの道であり、それは神の律法に従わずに罪を積み重ねていった結果もたらされます。イスラエルの歴史を見れば明らかなように、イスラエルは後者の道を選んでしまいました。その結果がバビロン捕囚であり、またバビロン捕囚が終わった後も、その呪いが終わらなかったことをネヘミヤは告白しているのです。申命記には、契約の呪いとして「あなたの土地の実りもすべての労苦の成果も、あなたの知らない民が食べ、あなたは虐げられるばかりで、四六時中踏みつけられる。」ということが記されていますが（申28章33節）、まさにイスラエルの民は自分たちの祖国でそのような状況に甘んじていたのです。

　では、この呪いの状態、バビロンでの捕囚の後も続く、いわば自国での捕囚状態は一体いつまで続くのでしょうか？　イスラエルの民は、バビロンから解放された後も、ペルシア、ギリシア、エジプト、シリア、そしてローマと、外国の支配を受け続けました。その間にハスモン家によって束の間の独立を勝ち取ったこともあったものの、その時の支配者は正統なダビデの家系の王ではなかったし、ハスモン家の王たちや祭司たちは神の律法を軽んじて、あまりにもギリシア文化と妥協しすぎているように思われました。ハスモン家に続いて、ローマの後ろ盾で王となったヘロデ大王は、純粋なユダヤ人ですらなく、その傍若無人な振る舞いは心あるユダヤ人たちの顰蹙（ひんしゅく）を買いました。ヘロデがいくら立派な神殿を造ろうとも、それは預言者たちが告げ知らせた祝福されたエルサレムの姿ではありませんでした。イスラエルの人々は、このような数百年にも及ぶ忌まわしい状況が正され、預言者たちが告げた素晴らしい未来、本当の意味

で捕囚が終わり、罪が赦され、エルサレムの栄光が回復する日を待望しました。その日について、エレミヤはこう預言しています。

> しかし、私はこの都に回復と癒やしをもたらし、彼らを癒やして、確かな平和を豊かに示す。そして、ユダとイスラエルの繁栄を回復し、彼らを初めの時のように建て直す。私に対して犯したすべての過ちから彼らを清め、彼らが私に対して犯し、背いた過ちのすべてを赦す。この都は地上のすべての国民にとって喜ばしい名声、賛美、誉れとなる。彼らは、私が行うあらゆる恵みの業について聞き、この都に私が与えるあらゆる恵みとあらゆる平和のために、恐れおののく。
>
> （エレ 33 章 6 – 9 節）

このエルサレムへの約束が一体いつになれば実現するのか、という疑問を信仰心の篤いユダヤの人々が考える際に、彼らが注目したのが冒頭に挙げたダニエル書 9 章の預言、「七十の七」という期間についての預言でした。その期間が過ぎれば、「背きを終わらせ 罪を封印し、過ちを償い 永遠の義をもたらす」からです（ダニ 9 章 24 節）。実際、ユダヤ人たちが「七十の七」、つまり四百九十年が終わる時を熱心に研究し、計算していた証拠が残っています。19 世紀にカイロで発見され、また死海文書の中にも見出された『ダマスコ文書』はエッセネ派の文書だとされますが、そこには次のような文章があります。

怒りの時代、三百と九十年の間、主は彼らをバビロンの王ネブカドネツァルの力へと明け渡された。主は彼らを養い、イスラエルとアロンから主の土地を相続し、主の地で良い産物を食べて太るようにと、根を成長させた。彼らは自分たちの咎を考え、自分たちが罪人であるのを知った、そして二十年の間、目の見えない者のように、道を手探りで探す者のようだった。しかし、神は彼らの業を顧みられた、彼らは心を尽くして主を求めていた。そこで主は彼らのために義の教師を立ち上がらせ、主の御心へと彼らを導かれた。[(2)]

これは、バビロンの王ネブカドネツァルによって始められたバビロン捕囚が四百九十年で終わり、「義の教師」によって打ち立てられたエッセネ派の共同体こそが「新しい契約」の共同体なのだ、ということが示唆されています。[(3)]グラッベによると、その計算は以下のようになります。

①神の怒りの時代　　　　　　　　　390 年
②主を探し求める時代　　　　　　　20 年
③義の教師の時代　　　　　　　　　40 年
④義の教師の死から「終わり」まで　40 年

---

(2) ダマスコ文書 1:5-11[拙訳、Wise, Abegg, and Cook (2005) を参照]。

(3) Lester L. Grabbe, 'The Seventy-Weeks Prophecy (Daniel 9:24-27) in early Jewish Interpretation' in *The Quest for Context and Meaning: Studies in Biblical Intertextuality in Honor of James A. Sanders* (edited by Craig A. Evans and Shemaryahu Talmon: Leiden: Brill, 1997), 601-2 参照。

①から④までの期間を合計すると、四百九十年となります。このように、『ダマスコ文書』を残したユダヤ人のグループは、バビロン捕囚から四百九十年後に「終わり」が到来し、その時には彼らが「新しい契約」の共同体として神の祝福を受けると信じていたのです。

　ダニエル書のこの預言は、驚くべきことに、ユダヤ人がローマとの無謀な戦争をしたことの大きな要因になっているとも考えられるのです。ローマに戦争を仕掛けるというのは、今日のアメリカ合衆国を相手に戦争を仕掛けるようなもので、まともな判断とは思えないものですが、ユダヤ人にそのような蛮勇を与えたのがこの「七十週」の預言だった可能性が高いのです。紀元1世紀のユダヤ人歴史家ヨセフスは、紀元七十年の大破局によって終わったユダヤ戦争の原因として、ある「曖昧な託宣」の存在を挙げています。次の一節は、彼の有名な『ユダヤ戦記』の一節です。

　　しかし、他の何にも増して彼らを戦争へと駆り立てたのは、ある一つの曖昧な託宣だった。その託宣もまた、彼らの聖なる書に見いだされるものだった。それは、この時代に彼らの国から現れる者が世界の支配者になるだろうという趣旨の託宣だった。彼らはその人物が彼ら自身の民族に属する者だと理解し、そして多くの賢明な者たちがその解釈によって道を誤ってしまった。しかし、実際にその託宣が告げていたのは、ユダヤの地で皇帝であることを宣言したウェスパシアヌ

スの統治のことだったのだ。とは言うものの、人は自分の運命から逃れることはできない。たとえそれを予見していたとしても。それで、それらの凶兆のいくつかをユダヤ人たちは自分に都合の良いように解釈し、他のいくつかについては馬鹿にして取り合わなかった。彼らの国土と彼ら自身の破滅が、彼らに自分たちの愚かさを気づかせてくれるまでは。[4]

N. T. ライトは、ヨセフスが「曖昧な託宣」と呼ぶ一節こそ、まさにダニエル書９章の「七十週」の預言なのだと論じます。紀元一世紀のユダヤ人たちは、民族解放の時、捕囚の終わりが自分たちの時代に到来すると、ダニエルの預言から信じたというのです。

現在の学者たちは次のことを力強く論じている。ダニエル書９章24－27節にある「七十週の預言」における捕囚から神殿の再建、そして「油注がれた君」の到来という時間軸のどこかに最後の「１週、［つまり７年間］」が来るのだが、ある種の計算の仕方によればそれは紀元60年代半ばに到来することになる。ファリサイ派は基本的にこのように計算していたが、このことはなぜ彼らがこの時期に反乱を支持する動きに加わっていったのかを説明する助けになるだろう。[5]

（4）ヨセフス『ユダヤ戦記』6.312-15。[抄訳]

（5）N. T. ライト『新約聖書と神の民（上巻）』（山口希生訳、新教出版社、2015 年）、553 頁。

けれども、このダニエル書の託宣はまさに曖昧な託宣です。なぜなら約束のメシアは敵を打ち破るのではなく、絶たれる、つまり殺されると預言されているからです。それでも、この託宣をダニエル書２章や７章のヴィジョンと併せて考えれば、神の王国をもたらすイスラエルの王が異邦の帝国に打ち勝つ、とも読めます。ダニエル書７章では、世界を支配する諸王国を表象する４匹の獣が登場し、それらの獣は神の民を苦しめますが（これはバビロン、ペルシア、ギリシア、シリアなどの諸王国にユダヤ人が苦しめられることを比喩的に表します）、やがて「人の子」のような方が栄光を受け、獣は裁かれるという結末で幻が終わります。イスラエルの捕囚が続いているしるしが、獣のような異邦人の諸王国によって支配されていることであるならば、獣が裁かれ「人の子（＝イスラエル）」が栄光を受ける瞬間こそが、捕囚の終わりとなるはずです。このように、「捕囚の終わり」が実現する時、神は悪の帝国に対して決定的な勝利を収めるはずです。このような期待が、ユダヤ人たちの闘志に火をつけ、結果として民族の破局を招いてしまった、というのがヨセフスの嘆きだったのです。

　以上の事実から言えるのは、第二神殿時代の後半、つまりイエスが宣教をしていた時代において、ダニエル書９章の「七十週の預言」はユダヤ教各派においてよく知られていて、彼らの行動そのものに影響を及ぼすほどだった、ということです。なぜダニエルの「七十週の預言」がこれほどユダヤ人たちの注目を集めたのかといえば、彼らが自分たちの民族の歴史のストーリーの相応しいエンディングを探し求めていたからです。彼ら

はエルサレムの栄光が回復し、自分たちこそが唯一の神に選ばれた神の民であることが諸国民の前で明らかになる、そのような歴史上の瞬間を待望していました。そしてその「時」こそ、アブラハムの選びに始まるイスラエルのストーリーは完結するはずでした。

・捕囚の終わりと王の帰還

　捕囚の終わりは、「悪の打倒」を伴いますが、もう一つ非常に重要な事柄が伴います。それは「王である神のシオンへの帰還」です。このことを理解するためにはイザヤ書、とくに捕囚からの帰還がメイン・テーマとなっているイザヤ書40 − 55章をしっかりと把握する必要があります。イザヤ書40章以降は、イスラエルの民が捕囚から帰って来ることだけを預言しているのではありません。むしろもっと重要なのは、イスラエルの神ご自身が、聖なる都エルサレムに帰ってこられ、そこで王として即位する、つまり神の王国を開始する、ということなのです。実にイザヤ書でいう「福音」とは、「神がシオンに戻られ、そこで王として即位する」という良き知らせなのです（イザ52章7 —8節）。ここで「神がシオンに戻られる」ということの意味を考えてみましょう。

　エルサレムの神殿は「神の家」と呼ばれますが、バビロンによってソロモン神殿（第一神殿）が破壊されてしまったことで、エルサレムには神の家はなくなってしまいました。実際、神はご自身も神殿を離れ、民と共に捕囚の地に向かわれた、と預言者エゼキエルは語りました。

主なる神はこう言われる。確かに私は彼らを諸国民の中に遠
　　ざけ、国々の中に散らした。しかし私は、彼らが行った先の
　　国々で、しばらくの間、彼らのために聖所となった。

（エゼ 11 章 16 節）

　したがって、バビロン捕囚の真の終わりとは、民がエルサレ
ムに戻るだけでなく、神ご自身が王として戻ってこられ、神の
家である神殿に住まわれることなのです。では、バビロン捕囚
から戻った人々が第二神殿を建てた時に、神はその「家」に帰っ
てこられたのでしょうか？　そうではない、とライトは示唆し
ます。

　　イスラエルはバビロンから帰還したものの、預言者たちの栄
　　光に満ちた使信は未だに成就していなかった。イスラエルは
　　未だに異邦人たちに隷属していた。さらに悪いことに、イス
　　ラエルの神はシオンに戻っていなかった。捕囚以降の文献の
　　どこを探しても、列王記上の 8 章 10 節以降に対応するよう
　　な下りを見いだすことはできない。この列王記の記事によれ
　　ば、ソロモン神殿が建て終えられた時に、「雲が主の神殿に
　　満ちた。その雲のために祭司たちは奉仕を続けることができ
　　なかった。主の栄光が主の神殿に満ちたからである。」[6]

　モーセが幕屋を建設した時も、ソロモンが神殿を建設した時

（6）ライト、前掲書、475 頁。

も、主の聖所は栄光で包まれたと記録されています（出40章34
−35節；王上8章10−11節）。だが、バビロン捕囚以降に建てられ
た第二神殿については、そのような記録はどこにも見出せない
のです。「神の家」は主が不在の空き家だったのです。したがっ
て、捕囚の真の終わりとは、神がシオンに戻られて、ご自身の
「家」である神殿を栄光で満たす時に初めて実現します。ライト
は、イエスが「神の王国は近づいた」と語った時、それは「捕
囚の真の終わり、つまり王である神の帰還は近づいた」という
ことを意味していたと示唆します。では、神が王として都に、そ
してその神殿に戻られる時、一体何が起きるのでしょうか？
預言者マラキは次のように警告しています。

　あなたがたが求めている主は
　突然、その神殿に来られる。
　あなたがたが喜びとしている契約の使者が
　まさに来ようとしている──万軍の主は言われる。
　だが、彼が来る日に誰が耐えられよう。
　彼の現れるとき、だれが立っていられようか。

（マラ3章1−2節）

　神がシオンに戻られる時は、捕囚が完全に終わる喜びの時と
なるだけではないのです。それは「裁き」の時でもあるのです。

・イエスの「時」
　イエスは宣教を開始するにあたり、「時は満ち、神の王国は近

づいた。悔い改めて、福音を信じなさい」と語りました（マコ１章15節）。では、その「時」とは何を意味しているのか、というのは重要な問いです。ライトは、イエスの言う「時」とは、長引く「捕囚」がついに終わる、その時を指していたのだと主張します。このことは、イエスの先駆者であるバプテスマのヨハネとイエスとを対比することで明らかになります。バプテスマのヨハネとその弟子たちは「断食」をしましたが、イエスとその弟子たちは「祝宴」をしました（マコ２章18－20節）。断食と祝宴ほど対照的なものはないわけですが、イエスがバプテスマのヨハネの運動を引き継ごうとしたのなら、なぜイエスは自分の先駆者と正反対のことをしたのでしょうか？　この問いについて考える上で、イスラエルで断食が始まったのは、バビロン捕囚の時からだということを思い起こす必要があります。バビロン捕囚の七十年の間、人々はエルサレムの陥落と神殿の崩壊を嘆き悲しんで、断食を行いました。これに対し、ゼカリヤは、捕囚が本当に終わり、エルサレムの栄光が回復する時、断食は祝宴に変わる、と預言しました。

　　「万軍の主はこう言われる。第四の月の断食、第五の月の断食、第七の月の断食、第十の月の断食は、ユダの家にとって歓喜と喜びとなり、恵み溢れる定めの祭りとなる。真実と平和を愛せよ。」（ゼカ８章19節）

　ライトは、イエスがヨハネの断食を祝宴に変えたのは、このゼカリヤが預言をした「時」、捕囚の真の終わりの時が到来した

ことを象徴的に伝えるためだった、と論じます。[7]

　このようにイエスは人々を祝宴に招きましたが、同時に人々に「悔い改め」を促し、また「罪の赦し」を与えました。では、イエスはどのような意味で「悔い改め」を人々に求め、また「罪を赦した」のでしょうか？　ライトは、この二つを当時の歴史的背景から捉えようとします。すなわち、「悔い改め」とは捕囚を終わらせるためであり、「罪の赦し」とは捕囚が終わったということだ、と言うのです。

　このことを考える上で、契約の祝福と呪いを詳細に記している申命記はとても重要です。申命記において、モーセはイスラエルの人々が契約を破り、契約の呪いとしての「捕囚」状態に置かれるだろうことを予見します。しかしモーセは、その先のこと、つまり捕囚が終わって祝福の時代が到来することまで見通していました。そして、捕囚が終わるための条件が「悔い改め」（神に立ち返ること）なのです（申 30 章 1 ― 3 節）。イエスが人々に悔い改めを促したのは、イスラエルの歴史の大いなるターニング・ポイント、すなわち「捕囚の真の終わり」がすぐそこまで来ていることを確信していたからでした。神は今や、神から遠く離れてしまった人々を赦し、彼らを迎え入れようとしておられる。「罪人」としてイスラエルの共同体から排除されていた人々を、神は喜んで迎え入れようとしておられる。なぜなら、そのような「罪人」の悔い改めこそ、イスラエルの罪が赦され、彼らが捕囚から本当の意味で帰還することを端的に示す

（7）N. T. Wright, *Jesus and the Victory of God* (Minneapolis: Fortress, 1996), 433.

ものだからです。有名な「放蕩息子の譬え」は、悔い改めた「罪人」が捕囚から帰還し、神がそれをもろ手で迎えることを示しています（ルカ15章11-32節）。神は今や、「罪人」たちと共に捕囚の終わりを祝うための祝宴を催しておられるのです。だが、そのような神の姿を快く思わない人々もいたのです。

　預言者エレミヤが預言したように、捕囚の終わりは「新しい契約」が締結される時です（エレ31章31-4節）。新しい契約が結ばれる時、イスラエルは一新され、そして再構成されるでしょう。では、誰がその「新しい契約」のメンバーとして相応しいのでしょうか？　ユダヤ人ならだれでも自動的に、その新しい契約に与ることができるのでしょうか？　そのようには考えなかったユダヤ人もいました。先に引用した『ダマスコ文書』を残したグループの人々は、「新しい契約」のメンバーたる自分たちとほかのユダヤ人たちとを厳しく峻別していました。また、イエスの譬え話に登場する放蕩息子の「兄」のような人は、イスラエル共同体の中の鼻つまみ者、「罪人」たちまで新しい契約の恩恵に与るとは考えなかったでしょう。しかしイエスは、今や神がなさろうとしているイスラエルの刷新、値なしの罪の赦しに反発する人々は、逆に自分たちを「新しい契約」から排除してしまうことになる、と警告したのです（マタ21章31-32節）。

・イエスの使命と旧約聖書

　このように、ライトによれば、イエスは自らの使命を「捕囚の真の終わり」をもたらすことだと信じていました[8]。イエスは
（8）前掲書、477 参照。

自らの使命について、ユダヤ人の正典である旧約聖書を深く読み込むことで理解を深めていきました。詩編に次のように描かれているのは示唆的です（ヘブ 10:7 参照）。

　　その時、私は言いました。
　　「御覧ください。私は来ました
　　私のことが記された巻物の書を携えて」と。（詩 40 編 8 節）

　イエスが自らの召命を確信していく中で特に重要だったのが、ダニエル書とイザヤ書の 40 章から 55 章でした。そしてこの二つの正典に共通するテーマこそが、「捕囚の終わり」なのです。イエスの時代のユダヤ人たちは、この二つの書を関連付けて理解していたことが明らかになっています。それを端的に示すのが、死海文書から発見された有名な『メルキゼデク文書（11Q13）』の次の一文です。

　　これが救いの日で、それに関して神は預言者イザヤを通じて語られたのだが、イザヤはこう述べている。「良い知らせを伝える人の足は、山々の上にあって、なんと美しいことか。平和を告げ知らせ、幸いな良い知らせを伝え、救いを告げ知らせ、『あなたの神は王であられる』とシオンに言う人の足は。」（イザヤ 52 章 7 節）。その解釈はこうである。すなわち、「山々」とは預言者たちのことで、彼らは神の真理を宣べ伝えるために遣わされ、すべてのイスラエルに対して預言する。「（良い知らせを）伝える人」とは霊の油注がれた人で、こ

の人についてダニエルはこう言っている。「その六十二週の後、油注がれた者は断たれ、彼には何も残らない。」(ダニ9章26節)。「幸いな良い知らせを伝え、救いを告げ知らせる」人については、このように書かれている。「主の恵みの年、われらの神の復讐の日を告げ、すべての嘆き悲しむ者を慰めるために。」(イザ61章2節)[9]

この例が示すように、「捕囚の終わり」に関する幻であるダニエル書9章と、主がシオンに戻られるという「福音」を告げるイザヤ書とは、密接に関連したものとして第二神殿時代のユダヤ人に理解されていました。イエスもそのような理解を共有しつつ、それを自らの使命と直接結び付けたのです。ライトによれば、イエスはダニエル書とイザヤ書が展望する「捕囚の終わり」、「悪の打倒」、そして「王の帰還」のすべてを、自らのエルサレム入城とそれに続く受難、そして復活において成し遂げたのです。

・宮清めと最後の晩餐

ライトは、イエスのエルサレムの一連の行動の中でも、神殿での行動と最後の晩餐を最重要視します。そしてイエスのいわゆる「宮清め」とは、神殿が神の裁きの下にあることを示す象

---

(9) 11Q13 2.15-20. Wise, Abegg, and Cook の解釈に従って、筆者が邦訳したもの。*A New Translation of The Dead Sea Scrolls.* Translated and with Commentary by Michael Wise, Martin Abegg Jr., and Edward Cook (Rev. ed., New York: HarperCollins, 2005), 592-3.

徴行動だと解します。預言者エレミヤがベン・ヒノムの谷で焼
き物の瓶を砕き、エルサレムが神に裁かれることを象徴的に示
したように（エレ19章1－15節）、イエスはいちじくの木をの
ろったり、神殿での献げものを止めさせたりすることで、エル
サレムとその神殿とが神に裁かれることをシンボリックな形で
示したのです。ライトによれば、イエスの神殿での行動の意味
をイエス自身が解説したのがマルコ13章です。マルコ13章は
「小黙示録」と呼ばれるように、世界の終わりの予告と受け取ら
れることがしばしばですが、ライトはそれをユダヤ教の第二神
殿体制の崩壊という「終末的な」出来事の予告として理解しま
す。

　　終末的な法廷の場面で、イエスは自らを神殿と相対させた。
　　神殿の破壊の予言が成就すれば、その出来事はイエスが本物
　　のメシアで、神殿の上に権威を持つ者であることを証明する
　　だろう。したがってマルコ13章2節と、他の共観福音書の
　　並行箇所とは、マルコ11章15－17節［宮清め］の意味を
　　明らかにしている。「ここで、どの石も崩されずに、ほかの
　　石の上に残ることは決してありません。(10)」

　イエスが本物の預言者であり、また真のメシアであるかどう
かは、彼の予告通りに神殿が裁かれるかどうかにかかっていま
した。ここで注意したいのは、先に取り上げたダニエル書9章
の「七十週」の幻においても神殿の破壊が示されていることで

（10）Wright, 前掲同書、511

す。イエスの言葉と、ダニエルの幻とは密接に絡み合っているのです。また、「人の子が雲に乗って来るのをあなた方は見る」とイエスが語った時、彼はダニエル書7章で、「人の子のような方」が天で栄光を受けることについて語ったのです。

　ここでライトの議論で特に注目すべきなのは、ダニエル書7章での第四の獣が裁かれるという幻と、ダニエル書9章でのエルサレムとその神殿とが裁かれるという幻とが、実は同じことを指しているとする点です。先に指摘したように、ダニエル書9章の「七十週」の幻は、イエスの時代のユダヤ人たちによって大変重視されていた預言でした。彼らは、ダニエル書9章は捕囚の真の終わりを予告していると解し、その時にはイスラエルを虐げる悪の帝国、ダニエル書7章で「第四の獣」として表されている神に反逆する王国は、神の裁きを受けると信じていました。そして、ダニエルが見た「第四の獣」こそ、彼らを虐げるローマ帝国だと確信し、獣たるローマが裁かれる時、「人の子」であるイスラエル民族全体とその代表（メシア）が、神から世界の主権を授けられると信じていたのです。[11]

　しかし、ライトによれば、イエスはこのダニエルの幻について、驚くべき解釈を示しました。なんと、「第四の獣」とは、「人の子」たるイエスを虐げるユダヤ最高指導部の人々であり、彼らの管理下にある神殿体制であり、聖都エルサレムなのです。大祭司カイアファに尋問された時、イエスが「あなたがたは、人の子が力ある方の右の座に着き、そして天の雲とともに来るの

(11) この点については特に『第四エズラ』を参照（旧約聖書続編の『エズラ記（ラテン語）』の第五と第六の幻を特に参照のこと）。

を見ることになります」と語った時[12]、自らをダニエル書7章の「人の子」と同定するのと同時に、彼を虐げる大祭司カイアファこそが実は「第四の獣」なのだ、と弾劾したのです。ライトはこう論じます。

　この爆弾発言から聞き取ることの出来る他の意味合いの中でも、カイアファが間違いなく聞き逃さなかった点が一つある。もしヤハウェの民の真の代表としてのイエスの正しさが立証されるなら、そしてカイアファが目下のところ裁きの座に就いているのなら、カイアファと彼が代表を務める政治体制には好ましからざる評決が下される。彼の法廷は真のイスラエルを迫害する邪悪な力の一部となり、そしてヤハウェがその民の正しさを立証する時に、彼とその政権とは打ち倒されるだろう。大祭司たるカイアファは、ヤハウェの民を迫害する恐るべき独裁者、新たなアンティオコス・エピファネスとなる。最高法院（サンヘドリン）は人の子イエスに対する第四の獣の役回りをする。この情景は、神学的にも政治的にも既に十分強力なのだが、そこに修辞的な側面が加わる。法廷の模様はあべこべになる。囚人が裁き手になり、裁き手が犯罪人として弾劾されるのだ[13]。

　イエスの真意を理解したカイアファが、「神を冒瀆することばだ」と言って激怒するのも当然だったでしょう。なぜなら、神

（12）マルコ 14:62。
（13）Wright, 前掲同書、525-6. [拙訳].

によって任命されたはずの大祭司たる自分のことを、「獣」だとイエスが示唆したからです。したがって、イエスの「宮清め」とはエルサレム指導部への神の裁きを示すものであり、イエスと彼らとの解決を不可避なものとする衝撃的な行動だったのです。

　神殿での「宮清め」と共に、イエスが自らの使命をどのように考えていたのかを最もよく伝えるのが「最後の晩餐」です。イエスの目的は「捕囚の真の終わり」をもたらすことならば、捕囚を終わらせるために必要なのは、神の民を虐げ、彼らを捕囚状態に留めている「獣」を打ち倒すことです。しかし、捕囚がイスラエルの罪に対する罰であるのなら、イスラエルの罪の赦しが実現しない限りは、捕囚が終わることもないのです。そして罪の赦しを得るためには、イスラエルに下った罰を受け止め、その苦しみを耐え抜く必要があります。イザヤ書53章は、「苦難の僕」と呼ばれる謎めいた人物が、民族の咎を一身に背負う姿を描いています。イエスはその役割を自らが引き受けるべきことを、イザヤ書によって悟っていきました。最後の晩餐でイエスが「これは、罪が赦されるように、多くの人のために流される、私の契約の血である」と語った時（マタ26章28節）、イエスは自らをイザヤの苦難の僕に重ね合わせていました。なるほどイエスははっきりとは、自分がイザヤ書53章の苦難の僕だとは言いませんでした。だが、イエスの言葉には、その仄めかしがそこかしこに認められます。特に自らの血が「多くの人」のために流されると語った時、イエスの念頭には間違いなくイザヤの「苦難の僕」のことがあったとライトは主張します。イエ

スはその血によって新しい契約が結ばれると示唆しましたが、イザヤ書においても僕の苦難と死を描く53章に続いて、新しい契約を描く54章が続きます。また、53章の前には、「イスラエルの神がシオンにおいて王となられる」という福音が告げられていますが、このメッセージもイエスの神の王国の宣教と深く共鳴しています。そこでライトは、「イザヤ書40－55章全体が、イエスの神の王国の布告の主題なのである[14]」と断じています。

このように、イエスのエルサレムでの一連の行動は「捕囚の終わり」をメイン・テーマとするダニエル書とイザヤ書40－55章を重ね合わせて読むことでよく理解できます。イエスは自らの使命を、これらの書に示されたヴィジョンを実現することだと捉えていたのです。

・**王の帰還**

イエスの使命はイスラエルに「捕囚の真の終わり」をもたらすことだったとするライトのテーゼには、批判も少なくありません。その最たるものは、「もしイエスがイスラエルに捕囚の終わりをもたらしたのなら、なぜユダヤ人たちはその後に祖国を失って、2千年近くもの間、世界中に離散しなければならなかったのか？　イエスはイスラエルに捕囚の終わりではなく、新たな捕囚をもたらしたのではないか？」という疑問でしょう。けれども、捕囚の終わりは「王である神のシオンへの帰還」によって完結することを理解する時に、こうした疑問は解消するのではないでしょうか。先に述べたように、イザヤ書40－55章の

(14) 前掲書、603 [抽訳]

主題は、イスラエルの民の捕囚が終わることだけでなく、神が王としてシオンに帰還されることにあります。神は救いをもたらすためにシオンに来られますが、同時に神は裁き主として来られる、という点を見逃すべきではありません。預言者マラキは、まさにそのことを警告しました。ライトによれば、イエスがエルサレムに来られた時、自分が裁き主の神としての役割を担っていることを意識していました。イエスの神殿での行動が、そのことを端的に表しています。そしてライトは、イエスの再臨を指すと一般的に解されている譬えについて、それは再臨ではなく初臨を指していると論じます。有名なものとしては「タラントの譬え」があります（マタ25章14－30節。並行記事としてルカ19章11－27節）。ルカ福音書19章27節の「私が王となるのを望まなかった」人々とは、イエスがイスラエルの王となるのを望まなかった人々のことであったというのです[15]。先に指摘したように、第二神殿時代にはエルサレム神殿が神の栄光に包まれたことは一度もありませんでしたが、それは神の不在を示唆しています。しかしイエスがエルサレムに来られた時、ついに神の栄光が現れました。しかしその時は、主（あるじ）の不在中の僕（しもべ）たちの働きを評価する時でもあったのです。

　イエスの使命は、帰還する王として、イスラエルに救いをもたらすのと同時に、裁きをももたらすことでした。そしてそれは、イスラエルの神のみがなせることだったのです。

（15）前掲書、632-9

第IV部

「神の王国」のすがた

第Ⅳ部要旨

　イエスの宣べ伝えた「神の王国」は、当時の様々な思想潮流や、同時代の宗教・政治運動と比較することでより理解が深まっていきます。第Ⅳ部では、まず神の王国と「教会」との関係について考察します。教会はイエスの「神の王国」運動から生まれたものですが、では「神の王国」と「教会」とは同じなのかどうかを考えていきます。また、イエスの神の王国の思想的背景となったと思われるユダヤ黙示思想、そして知恵文学という観点から考察を深めていきます。さらには、イエスの時代に現れたもう一つの「神の王国運動」、すなわち暴力革命によって神の支配を到来させようとしたユダヤ人の活動との対比を通じて、イエスの神の王国の特徴を際立たせます。最後に、近代以降の「千年王国運動」との対比という試みを紹介します。

　第Ⅳ部では、特に二人の日本人学者による研究を取り上げますが、日本における新約学の研究の礎を作ってきた先人たちに深く感謝の意を表したいと思います。

第13章
「神の王国」と教会
荒井 献

・マタイ福音書における「神の王国」と「教会」

イエスは、自分に従う者たちが「神の支配」を具現する共同体を形成していくことを期待していたのは間違いありません。しかし、イエスがその共同体のことを「教会（エクレシア）」と呼んだかどうかについては学者の間でも見解が分かれるところです。共観福音書においてイエスは「神の王国」について繰り返し語りますが、「教会」についての言及はごくわずかです。そして、イエスと教会という問題を考える際に注目されるのはマタイ福音書です。実際、教会を指す「エクレシア」というギリシア語はマタイ福音書にのみ登場し、教会戒規についてのイエスの明確な教えを提供しているのもマタイ福音書だけだからです（マタ18章）。そこで、このマタイ福音書について、日本における新約学研究の草分け的存在である荒井 献（1930~）から学んでみましょう。マタイ福音書は、イエスの創始した運動が母体であるユダヤ教と袂を分かつ時期に完成されたと考えられています。荒井は次のように解説します。

　紀元70年に第一次ユダヤ戦争の結果エルサレム神殿がロー

マによって破壊されユダヤ民族の支配者は、神殿勢力（「祭司長」を中心とする祭司層とサドカイ派）から律法学者たち、とりわけパリサイ派へと移行した。成立しつつあるキリスト教、その中でも多くのユダヤ人を成員とするキリスト教は、パリサイ派に指導されたユダヤ教との対立を迫られたのである[1]。

マタイはイエスの言葉語録を積極的に取り上げながら、ユダヤ教との差別化を図る形で教会の姿を明確にしていったのです。では、イエスのみならず当時のユダヤ人たちにとっての重要テーマだった「神の王国（支配）」と、「教会」との関係はどのようなものなのでしょうか。神の王国（マタイでは「天の王国」）と教会とはおおむね同じものとみなされているのでしょうか。

・マタイ福音書の独自性

　荒井はマタイ福音書を分析するための方法論として、「編集史研究」を用います。これは新約学研究における最も標準的な研究方法の一つですが、マタイ福音書の記者がマルコ福音書を資料として用いたとする「マルコ優先説」を前提とし、マタイがマルコに加えた加筆や修正に着目してマタイ福音書の独自な視点を浮かび上がらせることを目論むものです。編集史研究に馴染みのない読者もおられると思うので、その具体例として、ギュ

（1）荒井 献『イエス・キリスト（上）三福音書による』（2001年、講談社）162頁。
（2）ボルンカムの研究については、Bornkamm, Barth & Held, *Tradition and*

ンター・ボルンカムの古典的な研究を取り上げてみましょう。ボルンカムは、有名な「嵐静め」のエピソードでマルコとマタイを比較しています。

マルコ福音書4章35 − 41節

さて、その日の夕方になると、イエスは弟子たちに、「向こう岸へ渡ろう」と言われた。そこで、彼らは群衆を後に残し、イエスを舟に乗せたまま漕ぎ出した。ほかの舟も一緒であった。すると、激しい突風が起こり、波が舟の中まで入り込み、舟は水浸しになった。しかし、イエス自身は、艫の方で枕をして眠っておられた。そこで、弟子たちはイエスを起こして、「先生、私たちが溺れ死んでも、かまわないのですか」と言った。イエスは起き上がって、風を叱り、湖に、「黙れ。静まれ」と言われた。すると、風はやみ、すっかり凪になった。イエスは言われた。「なぜ怖がるのか。まだ信仰がないのか。」弟子たちは非常に恐れて、「一体この方はどなたなのだろう。風も湖さえも従うではないか」と互いに言った。

マタイ福音書8章23 − 27節

イエスが舟に乗り込まれると、弟子たちも従った。すると、湖に激しい嵐が起こり、舟は波に呑まれそうになった。ところが、イエスは眠っておられた。弟子たちは近寄って起こし、「主よ、助けてください。このままでは死んでしまいます」

Interpretation in Matthew (Translated by Percy Scott, Philadelphia: Westminster Press, 1963) を参照。

と言った。イエスは言われた。「なぜ怖がるのか。信仰の薄い者たちよ。」そして、起き上がって風と湖とをお叱りになると、すっかり凪になった。人々は驚いて、「一体、この方はどういう人なのだろう。風や湖さえも従うではないか」と言った。

　この二つの並行記事は同じ出来事を指していますが、細部においては微妙ながら重要な違いがあります。まず、マルコでは弟子たちがイエスを舟に「乗せた」となっていますが、マタイでは弟子たちはイエスに「従った」となっています。また、イエスに呼びかける言葉としてマルコでは「先生」なのに対し、マタイでは「主よ」となっています。そしてイエスの弟子たちへの叱責の言葉も、マルコでは弟子たちには「信仰がないのか」と言われているのが、マタイでは「信仰の薄い者たち（直訳すると「信仰の小さな者たち」）」となっています。さらには、マルコでは嵐を静めてから弟子たちを叱責するのに対し、マタイではまず弟子たちの信仰の弱さを叱責し、それから嵐を静めています。これらはすべて、マタイ福音書の神学的特徴を示しているといえますが、とりわけ大切なのはマタイでは弟子たちがイエスに「従った」となっていることです。マタイ福音書ではこの出来事の直前に「弟子としての道」についてイエスが教えており、イエスは弟子になろうとする律法学者に対し、こう言っています。

　イエスは言われた。「私に従いなさい。死んでいる者たちに、

自分たちの死人たちを葬らせなさい。」（マタ8章22節）

　ここで注目すべきなのは、ここでの「従いなさい」と次の「弟子たちは従った」とでは同じギリシア語の「従う」という動詞アコロウセオー（ἀκολουθέω）が使われていることです。マタイはこれによって、イエスの嵐静めの話とその直近の弟子の道についての教えとを関連付けたと考えられます。つまり、小舟を教会、嵐を教会が世の中で受ける迫害に見立て、そのような中でも主イエスを信じて従っていくのが弟子の道だ、という教訓をこの出来事の中に込めたということです。マルコでは弟子たちの信仰があるのかないのかが問題となっているのに対し、マタイでは弟子たちの信仰があることを前提とし、その信仰がイエスを完全に信頼するほど強いものかどうかが問われています。これはまさに教会の中にいる人々に向けてのメッセージでしょう。この嵐静めの話には、マタイの教会への関心が色濃く反映されています。

　このように、マタイ福音書と、その元の資料（ここではマルコ福音書）との関係を緻密に調べ上げていくことで、マタイの神学的関心事（ここでは教会における弟子の在り方）が浮かび上がってくるのです。

・麦と毒麦

　マルコ福音書とマタイ福音書との比較で注目すべきポイントの一つは「神の王国」のたとえです。マルコでは4章、マタイでは13章です。「種を蒔く人」のたとえや、「からし種」のたと

えのように、重複するたとえもありますが、マタイだけに現れるたとえがあります。特に興味深いのは、そのいくつかは神の王国というより、「教会」についてのたとえであることです。荒井は、マタイ福音書に特有なたとえ、「麦と毒麦」のたとえや、「良い魚と悪い魚」の例えの中の、分離というテーマに着目しています。

　　このようにマタイによればイエスは、その「業」と共に「天国」がこの世に実現されつつあると教えている。しかしこのイエスは、決して「天国」と「教会」とを等値してはいない。天国はむしろこの世の終末に際し、「天使」による審判（13・39 以下、49 以下）、あるいは「王」なる「人の子」キリストによる審判（25・31 － 46）を経て終局的に実現されるものであって、教会に所属する信徒たちもこの審判から免れるものではない。教会は「善人」と「悪人」から成る「混合体」であって、後者は最後の審判によって「天国」から締め出される。[3]

　つまり、マタイ福音書のたとえにおいては、「神（天）の王国」と「教会」とはイコールではないのです。むしろ、教会の中で審判の際に分離が起こり、神の王国に入る者とそうでない者とが区別されるのです。この分離というテーマはマタイ福音書にしばしば現れるもので、他にも「宴会のたとえ」において、ルカ福音書15章15 － 24節の並行記事にはない次の下りがマタイ

（3）荒井、前掲書、155 頁。

には記されています。

　それで、その僕たちは通りに出て行き、見かけた人は善人も
悪人も皆集めて来たので、祝宴は客でいっぱいになった。王
が入って来て客を見回すと、そこに礼服を着ていない者が一
人いた。王は、「友よ、どうして礼服を着ないでここに入っ
て来たのか」と言った。この者が黙っていると、王は召し使
いたちに言った。「この男の手足を縛って、外の暗闇に放り
出せ。そこで泣きわめき、歯ぎしりするであろう。」招かれ
る人は多いが、選ばれる人は少ない。（マタ22章10－14節）

　この「招かれる人は多いが、選ばれる人は少ない」という警
句に、教会と神の王国との関係が端的に述べられています。す
なわち、教会には多くの人が招かれますが、そこから神の王国
に選ばれる人は少ないということが示唆されています。ここで
選ばれる人となるための要件である「礼服」に譬えられている
のが「義の実践」であろうことは、マタイ福音書の他の記述か
ら明らかでしょう。荒井はこう解説します。

　さて、マタイ福音書のイエスが最も強調するところは、実は
「神の意志」の実践、いわゆる「義」の貫徹である。イエス
はこれを、教団の内外に向けてラディカルに主張する。
　まず教団内にあって、「主よ、主よ」と言い、イエスの名に
よって預言活動と奇跡行為をする者であっても、彼らがすべ
て天の天国に入るとは限らない。終末の日に天国に入るの

は、「父（神）の意思を行う者だけ」であり、彼らはその日に奇跡行為をあげつらっても、「不法を行う者」として天国から締め出される(4)（7・21 – 22）。

　マタイ福音書においては、天の王国（支配）はイエスの到来によって始まり、イエスの再臨によって完成されることが展望されています。この初臨と再臨の間に、教会は拡大していきますが、教会のすべての人々が完成された神の王国に入るわけではないようなのです。有名なタラントンのたとえでも、神の僕の一人は、「この役に立たない僕を外の暗闇に追い出せ。そこで泣きわめいて歯ぎしりするだろう」（マタ 25 章 30 節）と言われています。マタイ福音書では、「神の王国」＝「教会」とは単純には言えません。この結論は、今日の教会の人々には驚きをもって受け止められるかもしれませんが、イエスの神の王国を考える上で、見過ごすことはできない点でもあります。

（4）前掲書、156-7 頁。

第 14 章
「神の王国」と黙示文学
大貫 隆

・ユダヤ黙示文学と神の王国

　イエスの宣べ伝えた「神の王国」の神学的土壌として、ユダ
ヤ黙示思想が重要だということは、19世紀のヨハネス・ヴァイ
ス（第2章参照）以来多くの聖書学者たちが指摘してきました。けれど
も、ユダヤ黙示思想とは何を意味するのかについては研究者た
ちの間でも見解が分かれる大変難しい問題です。ユダヤ黙示思
想の定義については専門の研究書に委ねることにして[1]、ここで
は個々の黙示文学作品に注目しつつイエスの神の王国との関係
を考えていきます。本章では、ユダヤ黙示文学と福音書に記録
されたイエスの言動との関係を丹念に検証した、日本を代表す
る新約学者である大貫 隆（1945~）の研究を取り上げます。大貫
は黙示文学とイエスの「神の王国」に共通する、以下の7つの
イメージに着目します。

（1）黙示文学研究のスタンダードな研究書として、John J. Collins, *The
Apocalyptic Imagination* (3rd ed., Grand Rapids: Eerdmans, 2016)［邦訳準
備中］があります。

（１）サタンの墜落

　新約聖書では、サタンは「この世の神」、「全世界を支配下に置く悪い者」などと呼ばれるほどの巨大な存在ですが（Ⅱコリ4章4節；Ⅰヨハ5章19節）、旧約聖書においてはサタンが直接言及されている箇所は僅かしかなく、神に敵対する巨大な霊的勢力の首領というほどの存在感もありません。むしろヨブ記では神の子らの一人のように描かれています。

　　ある日、神の子らが来て、主の前に立った。サタンもその中に来た。主はサタンに言われた。「あなたはどこから来たのか。」サタンは主に答えた。「地を巡り、歩き回っていました。」（ヨブ1章6－7節）

　このように、サタンは天と地を自由に往来し、また神の前に出ることも許された存在でした。サタンの天上での役割は、人間の罪を神の前に告発する検察官のようなものでした（ゼカ3章1節）。しかし、ヨハネの黙示録ではサタンは天上界から追放されているのです。

　　さて、天で戦いが起こった。ミカエルとその天使たちが竜に戦いを挑んだのである。竜とその使いたちもこれに応戦したが、勝てなかった。そして、もはや天には彼らの居場所がなくなった。この巨大な竜、いにしえの蛇、悪魔ともサタンとも呼ばれる者、全人類を惑わす者は、地上に投げ落とされた。その使いたちも、もろともに投げ落とされた。そして私は、

天で大きな声がこう語るのを聞いた。

「今や、我々の神の救いと力と支配が現れた。

神のメシアの権威が現れた。

我々のきょうだいたちを告発する者

我々の神の前で昼も夜も彼らを告発する者が

投げ落とされたからである。」（ヨハ黙12章7－10節）

このサタンの天上からの放逐は、ユダヤ黙示文学において様々な形で描かれています。興味深いことに、黙示文学ではサタンの天からの放逐の時期については二通りの見方があります。大貫は、「間違いなく、イエスに相前後する時代のユダヤ教の中には、サタンの権能の失墜を終末論の文脈で語る伝承と創造論の文脈に置く伝承の二つがあったのである」と指摘しています。具体的に言うと、『アダムとエヴァの生涯』という黙示文書によれば、天地創造の際に、サタンは神の似姿である人（つまりアダム）を礼拝しなさいという神の命令を拒んだために、天から追放されます。また、最古の黙示文学の一つである『第一エノク』の冒頭の「見張りの天使たちの書（The Book of the Watchers）」では、サタンという名称は使われないものの、天使たちの一群

（2）大貫 隆『イエスの時』（2006年、岩波書店）89頁。

（3）現存しているのはギリシア語とラテン語のテクスト。George W. E. Nickelsburg, *Jewish Literature between the Bible and the Mishnah* (2nd ed., Minneapolis: Fortress, 2005), 327-32 参照。

（4）『アダムとエヴァの生涯』29. 15－16 参照。

（5）第一エノクの1－36章まで。本邦では「寝ずの番人の書」と呼ばれることもあります。

が人間の女性と交わって様々な秘密を洩らして人間を堕落させたため、天界から追放されるという筋書きになっています。これはノアの大洪水前の太古の時代の出来事だとされます。

　他方で、先に引用したヨハネの黙示録の場合は、サタンの天からの放逐はキリストが地上の生涯で勝利を収めたことと深い関係がある、終末論的な記述です。なぜなら新約聖書では、キリストは「終わりの時」に到来したことが強調されているからです（ヘブ1章2節；Iヨハ2章18節等を参照）。ヨハネ黙示録だけでなく、サタンの墜落を「終わりの時」であるとする黙示文学には『モーセの遺訓』や死海写本に含まれる『戦いの巻物(1QM)』があります。けれども福音書によれば、イエスが目撃したサタンの墜落は、太古の時代の出来事ではなく、キリストが復活して高挙された後に起きるものでもありません。むしろそれはイエスが宣教を開始する前の出来事で、その目撃体験こそがイエスを神の王国の宣教へと押し出したのだと、大貫は論じます。ルカ福音書にある、イエスの弟子たちの派遣記事に注目しましょう。

　　七十二人は喜んで帰って来て、言った。「主よ、お名前を使うと、悪霊どもでさえ、私たちに服従します。」イエスは言われた。「私は、サタンが稲妻のように天から落ちるのを見ていた。蛇やさそりを踏みつけ、敵のあらゆる力に打ち勝つ

---

(6) Craig R. Koester, *Revelation and the End of All Things* (Grand Rapids: Eerdmans, 2001), 121-2 を参照。

(7) 大貫 隆『イエスという経験』(2003年、岩波書店；2014年に再刊) 80頁。

権威を、私はあなたがたに授けた。だから、あなたがたに害を加えるものは何一つない。」（*ルカ 10 章 17 − 19 節*）

　ここでは、天においてサタンの権能が失墜したことと、地においてイエスの弟子たちが悪霊を服従させる権能を与えられたこととが関連付けられています。ここに天上での出来事と、地上での出来事が連動していると考える黙示的世界観を認めることができます。サタンが天界から放逐された後、天においては神の民に敵対する勢力が一掃されたのだから、天上界の神の聖徒らからは喜びの声がわき上がります。イエスは、天ではアブラハム、イサク、ヤコブらによる天の祝宴がすでに始まっていると信じました。したがってイエスの宣教の目的とは、この天での祝宴に加わるように地上のユダヤの人々に呼びかけることでした。だが、地上での厳しい現実を前にして喜んでばかりはいられませんでした。なぜなら、天上から放逐されたサタンとその眷属たち（配下の者たち）が地上で人々に害をなしているからです。イエスの宣教は、人々を喜びの宴に招くことであるのと同時に、人々を苦しめるサタン一派との戦いを通じて人々を解放することを目的としていました。イエスの宣教活動の中に祝宴のイメージと霊的戦いのイメージとが交錯しているのはこのためだと、大貫は論じます。[8]

（2）天上の祝宴と地上の祝宴
　イエスの宣教には、彼の先駆者であるバプテスマのヨハネに

（8）前掲書、187 頁。

見られるような禁欲的なイメージはありません。むしろそれは人々を祝宴に招くという、喜びに満ちたものでした。それは、イエスが天上での祝宴に呼応するように地上でも祝宴に人々を招こうとしたからだと考えられます。では、イエスの教えの中に、天上では既に祝宴が始まっていることを示すものがあるのでしょうか？　大貫は有名な「ラザロと金持ち」の中にそのようなテーマが隠されていると指摘します。

　　[ルカ福音書16・22について] で「アブラハムの懐に」と訳したところを、新共同訳は「宴席にいるアブラハムのすぐそばに」と訳している。どちらも正しいが、イエスが抱いているイメージからすれば、新共同訳の方が当たっている。それは横臥しながら行われる宴席のイメージである。イエスの時代のユダヤ人は、家庭での普通の食事は机と椅子で取ったが（マルコ七28参照）、客を招いたり、客に招かれたりしての正餐では、長椅子に横臥しながら、そのつど給仕が運び込む料理をそれぞれ取り皿に取り分けながら飲食した。[(9)]

　つまり、ラザロの魂は天に上り、アブラハム、イサク、ヤコブらとともに既に始まっている天上の祝宴に与っていたのです。なるほど、ルカ福音書13章29節では神の王国の祝宴が未来形で描かれていることから、天上での祝宴は未来のことを指しているとも考えられます。だがそれは、これから多くの人が祝宴に加わるということなので、祝宴そのものが既に始まっている

(9) 大貫 隆『終末論の系譜』（2019 年、筑摩書房）145－6 頁。

という見方とは矛盾しません。天上界には既に族長たちが暮らしているという見方は、黙示文学にも見られるものです。例えば、『第一エノク』に含まれる「たとえの書」では、族長たちは初めから天界にいて、「人の子」と共に食事をしているということが示唆されています。イエスの示した「神の王国」には飲み食いのイメージが深く刻み込まれていますが、それは黙示文学と符合するものなのです。

（３）復活すると人は天使のような存在となる

イエスは復活を信じないサドカイ派の人々から、ユダヤ教の「レヴィラート婚」（兄が子を残さずに死去した場合、弟が未亡人となった兄嫁を妻とすること）のしきたりに則って七人の兄弟と次々と結婚した妻が復活した場合、彼女は誰の妻となるのかと問われました。イエスはこれに対し、次のように答えています。

　死者の中から復活するときには、めとることも嫁ぐこともなく、天の御使いのようになるのだ。死者が復活することについては、モーセの書の『柴』の箇所で、神がモーセにどのように言われたか、読んだことがないのか。『私はアブラハムの神、イサクの神、ヤコブの神である』とあるではないか。
（マコ 12 章 25 － 6 節）

　大貫は、ここでイエスがアブラハム、イサク、ヤコブに言及

(10) 前掲書、142 － 3 頁。
(11) 第一エノク「たとえの書」62.13 － 4, 70. 4。

するのは、この三人の族長が既に天において天使のような存在になっていることを指していると解します[12]。このような見方の根拠として、死んだ聖徒たちが天使のような存在となっているとする黙示文学があります。一例として、紀元前2世紀ごろに書かれた『ヨベル書』には族長レビに対して語られた次のような下りがあります。

> 主があなた［レビ］とあなたの子孫とを、肉なる人々の間から取り去ってみもとへと引き寄せ、御前にいる天使、そして聖なる者として、天の神殿で仕える者としてくださいますように[13]。

　他の黙示文学にも、死んだ聖徒たちが天で天使のような存在となっているとする記述が広く認められます[14]。この点からもイエスの世界観が黙示文学のそれと符合するものだったことが確認できるでしょう。

（4）霊魂の昇天とからだの復活
　「ラザロと金持ち」では、イエスは死んだ人々の霊魂が存続し、その中には天上で族長たちの祝宴に加わっている者がいること

（12）大貫、前掲書、151 頁。
（13）『ヨベル書』31.14. [拙訳]。*Old Testament Pseudepigrapha.* Edited by
　　　James H. Charlesworth. 2vols. (New York; Doubleday, 1983-85) を参照し
　　　ています。
（14）大貫、前掲書、155 頁。

を示唆しているように見えます。同時にイエスは死人のからだのよみがえりについても明確に肯定します。では、この「霊魂の不滅」と「からだのよみがえり」の二つの信仰の共存は、ユダヤ黙示文学にも見られるものなのでしょうか？　この問いについては、長くなりますがそのまま大貫の著作から引用します。紀元前1世紀ごろの作品と推定される『アブラハムの遺訓』では、死期が迫ったアブラハムが天使に導かれて天界を旅するという舞台設定になっています。

本書［アブラハムの遺訓］で注目に値するのは、その天空の旅が「身体を伴ったままで（天に）引き挙げられる」（七19）体験であるのに対して、人間（アブラハム）の死は魂が身体から離れ、それを地上に残したまま天上へ上る出来事と考えられていることである。それが最も明瞭に読みとられるのは、前掲の会話で、ミカエルが「しかし、お前［＝アブラハム］の身体はこの地上に残されるであろう。七千年の時が満ちるまで。その時になれば、すべての身体がよみがえらされるだろう」（七17）という件である。明らかに、語り手はアブラハムの遺体が墓の中で七千年もの間、朽ちずに存続すると言いたいのではない。彼の関心は被造世界の七千年にわたる万物の歴史が終わる時、すべての死人が身体と共に甦るという一点にある。すなわち、魂の復活と身体の復活が区別されているのである。前者は死後直ちに起きるが、後者は万人の身体が甦る終わりの時に起きるのである。[15]

(15) 前掲書、81 頁。

ここで大貫の言う「魂の復活」とは、人が死んだ後もその魂は滅びることなく霊的世界で生き続けるという意味なので、「霊魂不滅」の信仰と言い換えてもよいでしょう。『アブラハムの遺訓』では、この霊魂不滅という考えは、歴史の終わりに万人に起こる「からだのよみがえり」とは明確に区別されています。ここにもイエスの理解と黙示文学のそれとの共通点が見出せます。では、「霊魂不滅」と「からだのよみがえり」の二つと、イエスの「神の王国」とは、どのように関連しているのでしょうか。大貫はこう解き明かしています。

　　すると、当然ながら、そこから一つの新たな問いが起こってくる。かたや身体の死後すぐに起きるはずの魂の復活（ラザロ！）、かたや来るべき未来の身体の復活——この二つの関係をイエスはどうイメージしていたのか。二つの復活の間のタイムラグはどうなるのか。実は、その時間差こそイエスの「神の国」の宣教に残された時間であったというのが、私の判断である。[16]

　魂の復活と、体の復活の間にはタイムラグがあるという見方は、使徒パウロにも見られます。パウロは自分が死んだあと、その霊（魂）は直ちにキリストのもとに向かうと信じていましたが（フィリ 1:23）、体のよみがえりはキリストの再臨までは起こらないとも信じていました。

（16）前掲書、158－9 頁。

主の言葉によって言います。主が来られる時まで生き残る私たちが、眠りに就いた人たちより先になることは、決してありません。すなわち、合図の号令と、大天使の声と、神のラッパが鳴り響くと、主ご自身が天から降って来られます。すると、キリストにあって死んだ人たちがまず復活し、続いて生き残っている私たちが、彼らと共に雲に包まれて引き上げられ、空中で主に出会います。（Ⅰテサ4章15-7節）。

　神の支配が完成するまで、死んだ信仰者の霊魂はパラダイスにおり、その完成が成るときに復活のからだが与えられるとするキリスト教神学のルーツは、イエスその人に、さらにはユダヤ黙示文学に遡るものだと言えます。

（5）神の王国における位階

　イエスの「神の王国」の理解が黙示文学と共通する第五のポイントは、そこには位階があるという見方です。イエスは、「よく言っておく。およそ女から生まれた者のうち、洗礼者ヨハネより偉大な者は現れなかった。しかし、天の王国で最も小さな者でも、彼よりは偉大である」と語りました（マコ11章11節）。神の王国には「偉大な者」や「小さな者」がいるということは、言い換えれば天国には地位というか位階のようなものがあるということです。『レビの遺訓』や『スラブ語エノク』などのユダヤ黙示文学、そして初期キリスト教の黙示文学である『イザヤの昇天』にも、天の王国の位階という思想がはっきりと認めら

れると大貫は指摘します。この点はあまり注目されてこなかった事柄ですが、イエスと黙示文学との親和性を示すもう一つの根拠と言えるでしょう。

（6）「人の子」の到来

共観福音書には「人の子」という呼称が頻出します。その意味合いは複数ありますが、黙示文学との関係で重要なのは、世の終わりに現れるとされる審判者としての「人の子」です。イエスがそうした意味合いで「人の子」という呼称を用いた時、それを自分自身のこととして語ったのか、それとも他の存在を指して語ったのかについては研究者の間でも見解が分かれます。この呼称の旧約的背景はダニエル書7章13節に登場する「人の子のような者」ですが、この謎めいた人物は全世界の主権を神から与えられます。ダニエル書の文脈では「人の子」は個人であるとも、集合的に神の民全体を指すものとも取れる、曖昧さを含む存在です。大貫は、イエスが「人の子」について語った時、後者の集合的人格をイメージしていたと論じます。実際、イエスの語る「人の子」は天上界の神の民である天使たちを伴って来ることからも（マコ8章38節）、両者の間には密接な関係があると言えるでしょう。

「人の子」が天上の義人たちと不可分な関係にあるということは黙示文学にも見られる見方です。その一つは、再び『第一エノク』の「たとえの書」の中に見出せます。「たとえの書」は、

(17) 前掲書 162－3 頁。
(18) 前掲書、166 頁。

世界の審判者としての「人の子」を描く、黙示文学の中でも特筆すべき書ですが、そこでは最後の審判がなされる時、「人の子」と共に天上の「義人の群れ」も現れるとされます[19]。また、紀元70年のローマによるエルサレム第二神殿の破壊後に書かれた代表的な黙示文学である「第四エズラ（旧約聖書続編のラテン語エズラ記と同じ）」には次のような下りがあります。

　私があなたに予告したこれらすべてのことを免れる人は誰であれ救われ、私の救いと私の造った世の終わりを見るだろう。そして彼らは、生まれてから死を味わわず天に受け入れられた者たちを見るだろう[20]。

「生まれてから死を味わわずに天に受け入れられた人」は、時の終わりまで天国でメシアと共に暮らしますが、終わりの時にメシアと共に地上にやって来るとされます[21]。ここにも、イエスの言葉と黙示文学との間の接点が認められます。

（7）手で造らない神殿
　最後の7番目の黙示的テーマは「手で造らない神殿」です。ユダヤ黙示文学には天上界への関心が強く見られますが、天は神の住まわれる場所ですから、そこには神の家、すなわち「神殿」があるはずです。旧約聖書で天上の神殿への関心が強く示され

---

(19) 第一エノク「たとえの書」38.1, 62.8。
(20) エズラ記（ラテン語）6:25 − 6。聖書協会共同訳より。
(21) エズラ記（ラテン語）14:9。

ているのは祭司によって書かれたエゼキエル書でしょう。エゼキエルは地上の神殿、つまりソロモンによって建てられた第一神殿が破壊されることを繰り返し予告します。しかし彼は天上の神殿、移動式の神殿を目撃しており、それは地上の神殿が破壊されようとも無傷のままなのです（エゼ1章参照）。『第一エノク』の「見張りの天使たちの書」でも、天上の神殿にエノクが引き上げられる情景が詳しく描かれています[22]。新約聖書の中では、キリストの祭司職に深い関心を示すヘブライ人への手紙において、地上のエルサレム神殿は「本物の模型にすぎない、人の手で造られた聖所」と呼ばれています（ヘブ9章24節）。このように、天上の神殿への関心はバビロン捕囚の時代から第二神殿時代を通じてユダヤ教の中に脈々と流れていました。そして大貫によると、イエスも天上の神殿に深い関心を持っていました。イエスがエルサレムの第二神殿の崩壊を予告した時、それは地上の神殿が「手で造られたものではない天上の神殿」と置き換えられることについて語っていたのです[23]。ここで注目すべきなのは、ユダヤ人の間での天上の神殿に対する憧憬は、地上の神殿とそれを支配する祭司たちへの批判と密接に結びついていたことです。旧約聖書続編の『トビト記』には、天上の神殿こそ出てきませんが、バビロン捕囚後に建てられた第二神殿は本物の「神の家」が建てられるまでの一時的なものに過ぎない、という思想が表明されています。

（22）「寝ずの番人の書」14.8－23。

（23）前掲書173－4頁。

しかし神は再び彼らを憐れみ、イスラエルの地に連れ帰り、ご自分の家を再建される。しかし再建されても、定められた時が満ちるまでは、元どおりにはならない。その後、すべての人々は捕囚から立ち戻り、エルサレムを輝かしく再建し、イスラエルの預言者たちが語ったように、神の家もエルサレムに再建される。（トビト 14 章 5 節、聖書協会共同訳）

大貫は、この一節について、こう解説しています。

『トビト記』（前二世紀前半）は、すでに再建されて久しい第二神殿を指して「再建されても、定められた時がくるまでは、元どおりにはならない」（一四 5）と言う。著者にとっての理想は「元どおり」、すなわちソロモンが建立した第一神殿（王上六章）の栄華が再び取り戻されることなのである。否、神殿のみならず、エルサレムの街全体がありとあらゆる宝石で飾られたものでなければならない。そのようなエルサレムこそが全世界の中心となるはずである（一三 11、17）。［……］以上の考察から証明されることは、まず、イエスに前後する時代のユダヤ教には、第二神殿の祭司職への批判と終末時にそれが更新されることへの待望が、かなり広範囲に存在していたことである。さらに、その批判と裏腹に結びついた形で、天上の神殿・王宮で、天使たちと太古からの義人や聖徒たちによって真の礼拝が現に行われているという観念が見られることである。[24]

（24）前掲書 172 − 3 頁。

イエスがエルサレム入城後にエルサレム神殿で取った衝撃的な行動は、このようなユダヤ人たちの神殿体制への批判と、天上の神殿へのあこがれという背景を踏まえることで、より明確にその意味が明らかになるのです。[(25)]

　このように、イエスの宣べ伝えた「神の王国」が、一般的に考えられている以上にユダヤ黙示思想と深い係わりがあることが感じとれたのではないでしょうか。エルンスト・ケーゼマンの「黙示は全てのキリスト教神学の母であった」という言葉は、[(26)]けだし至言です。

（25）この分野に関心のある方には、Jonathan Klawans, *Purity, Sacrifice, and the Temple* (Oxford: Oxford University Press, 2006) をお薦めします。

（26）E. Käsemann, 'The Beginnings of Christian Theology', *JTC* 6 (1969) 40.

第15章
「神の王国」と知恵文学
ジョン・ドミニク・クロッサン

・知恵による「神の王国」

　イエスの「神の王国」の思想的背景としてユダヤ黙示思想が重要であるというのは、新約聖書学においては主流の立場だと言えるでしょう。他方で、イエスをイスラエル社会に根本的な価値観の転換・変革をもたらそうとした「知恵の教師」として理解しようという見方もあります。旧約聖書では箴言、コヘレトの言葉、ヨブ記、旧約聖書続編の知恵の書、シラ書などが「知恵文学」として分類されます。こうした文学には、エジプトやヘレニズム文化など、イスラエル周辺の文明国からの影響が顕著です。知恵文学においては、世界が神によって救済されるという終末的な期待よりも、人々が現実世界についての正しい「知恵」を持ち、それに基づいて行動することで個人や社会が変容していくことが強調されます。イエスの教えも、そのような知恵文学の系譜の中で見るべきだという主張が、「イエス・セミナー」と呼ばれる主にアメリカ合衆国の学者から成る研究グループによってなされてきました。[1]　イエス・セミナーには概し

(1)「イエス・セミナー」については、M. J. ボーグ『イエス・ルネッサンス』（小河陽訳、教文館、1997 年）22 頁参照。

て、イエスを無学な農民として捉える傾向があります。もちろん、学問を受けていないから知恵がないというわけではなく、それどころかイエスをきわめて鋭敏な知恵の教師と見なします。しかしイエスはその知恵を、旧約聖書の正式な学びを通じて獲得したのではなく、ガリラヤの豊かな自然を通じて学んだのだと主張するのです。ですから四福音書に描かれているような、旧約聖書を縦横無尽に引用してユダヤ人学者たちを次々と論破していく「イエス」は実際の歴史上のイエスではなく、むしろパウロのように教養があり、新約聖書に含まれるような文書を書き残すだけの学識あるユダヤ人キリスト教徒たちが、自らのセルフイメージをイエスに投影したのだ、と示唆します。このイエス・セミナーの中心人物の一人がジョン・ドミニク・クロッサンです（John Dominic Crossan, 1934~）。クロッサンは自らの見解について、こう述べています。

　黙示的な（apocalyptic）「神の王国」とは未来の神の王国であり、それは地上に正義と平和を回復し、不正と抑圧を終わらせる神の圧倒的な行動によってもたらされる。信者にできることと言えば、その到来に備えたり人々を説得したり、懇願したりその到来を手助けするのがせいぜいで、神の王国は神の力によってのみ実現する。それが具体的にはどんなものなのかは曖昧であるにもかかわらず、神の王国の完成は信者にも未信者にも目に見えて分かるものとなるだろうが、そこで彼らを待ち受ける運命は明らかに異なるだろう。
　知恵による「神の王国」（sapiential）は未来よりもむしろ現

在に着目し、既にあり常にある神の支配の中で、今ここでどのように生きられるのかを心に描く。人は知恵や善意、美徳や公正、あるいは自由によって神の王国に入る。したがってそれは倫理的な王国なのだが、それは終末的で黙示的な王国ともなり得ることは非常に強く主張されねばならない。例えば、その倫理は同時代の倫理性に根源的な異議を唱える。私の用語においては、知恵的な王国は黙示的な王国に負けず劣らずこの世の有様に否定的なのだ。[(2)]

クロッサンは、イエスの「神の王国」とは、当時の地中海世界に支配的だった文化・社会構造に挑むものだった、というテーゼを展開しています。

・「パトロン−クライアントの関係」

では、イエスはどのような社会構造や社会規範に挑戦し、それに代わるものとしてどんな社会の在り方を提示したのでしょうか。クロッサンは、当時のギリシア・ローマ世界の社会において支配的な人間関係であった「パトロン−クライアント」関係に着目しました。

「パトロン−クライアント」関係とは今日の言葉で言えば「縁故主義」（編注：親族の縁、地縁、血縁などの縁がある縁故者のほうを重用する考え方や、ものごとの正しさよりも縁故を優先してしまう考え方のこと。）に当たるでしょう。実力よりもコネまたは血縁が物を言うような関係のことです。今日の日本でも縁故主義はあらゆる場面に認めるこ

---

(2) John Dominic Crossan, T*he Historical Jesus: The Life of a Mediterranean Jewish Peasant* (New York: HaperCollins, 1991), 292 [拙訳].

とができます。世襲制の伝統芸能の世界のみならず、同族経営の企業でも世襲制が広く行われています。また、就職や昇格においてもいわゆる「コネ」や人脈が物を言うことも少なくありません。けれども、人々がそのように見られることを嫌うのも確かでしょう（「あいつは実力もないのにコネだけで出世した」と言われるのは誰にとっても屈辱です）。ところが、ギリシア・ローマ世界ではこのような関係はむしろ当然なものとして社会に受け入れられていました。この「パトロン－クライアント」関係について、デイビット・ダシルバの簡潔な解説を引用しましょう。

> 力と名誉と富において劣った者［クライアント］は、力と名誉と富において勝った者［パトロン］からの援助を受けようとする。クライアントとパトロンとは互恵的な関係にあるのだが、彼らが交換する恩恵の内容の種類と質は異なっている。パトロンはクライアントに物質的な贈り物や昇進の機会を与えてやる。他方でクライアントはパトロンの名声を高めるように努め、彼の権力基盤を強化する。[3]

　ギリシア・ローマ世界では、「クライアント」と呼ばれる人々は、世話になっている「パトロン」が市の有力な役職に立候補するとき、サクラとして振る舞って、パトロンの当選を助けようとしました。今日の日本でそんなことをしたら明らかな公職選挙法違反になるでしょうが、イエスの時代の地中海世界では

---

(3) David A. deSilva, *Honor, Patronage, Kinship & Purity: Unlocking New Testament Culture* (Downers Grove: IVP Academic, 2000), 99 [拙訳].

これはワイロとは見なされなかったのです。けれども、ローマの社会は徹底した格差社会・階級社会だったので、コネのない一般の民衆が政治力や財力を持つ有力なパトロンとの関係を築くのは容易なことではありませんでした。そこで有力なパトロンとの関係を取り次いでくれる人が求められました。そのような仲介役を果たす人々は、「ブローカー」と呼ばれていました。今日の日本でも、権力者との橋渡しをするパワー・ブローカーと呼ばれる人々がいますが、昔もそのような人々がいたのです。この「ブローカー」についても、ダシルバは次のように解説しています。

> 時としてパトロンが与えることのできる最も重要なギフトは、クライアントが求めている恩恵を実際に与える力を持っている他のパトロンに、彼を紹介してあげることだった。正確には、その別のパトロンにクライアントを紹介するパトロンは、「ブローカー」と呼ばれていた（その古典的な呼び名は「仲保者」である[4]）。

クロッサンは、この「パトロン－クライアント」関係、そしてその間にある「ブローカー」という存在から、イエスの神の王国の特性を読み解こうとしたのです。

・ブローカーのいない王国
イエスは当時の社会で支配的だった「パトロン－クライアン

(4) 前掲書、97 [拙訳]

ト」関係についてどんな態度を取っていたのでしょうか？イエスの家族に対する言葉はしばしば私たちを困惑させますが、それについて血縁者を特別扱いする縁故主義への反対として読むことも可能でしょう。

> イエスの母ときょうだいたちが来て外に立ち、人をやってイエスを呼ばせた。時に、群衆がイエスの周りに座っていた。「御覧なさい。お母様と兄弟姉妹がたが外であなたを捜しておられます」と知らされると、イエスは、「私の母、わたしのきょうだいとは誰か」と答え、周りに座っている人々を見回して言われた。「見なさい。ここに私の母、私のきょうだいたちがいる。神の御心を行う人は誰でも、私の兄弟、姉妹、また母なのだ。」（マコ3章31－35節）

この一節から、イエスが親兄弟に冷淡だったなどとは言えないでしょう。むしろ、イエスが懸念したのは、彼の家族が「ブローカー」になってしまうこと、つまりイエスに助けを求める人たちをイエスにつなぐ特権的な役割を持ってしまうことだ、とクロッサンは示唆します。当時の人々が切実に求めていたものは、病の癒しと悪霊から解放されることでした。そのような力がある人物を、当時の人々は「パトロン」と見なしたのです。つまり、人々はイエスを「パトロン」、自分たちを「クライアント」として見ていたということです。そしてパトロンたるイエスに近づくために、人々はイエスに取り次いでくれる「ブローカー」を求めました。イエスのブローカーになれる第一候補は、

なんといってもイエスの肉親でしょう。イエスといえども、母の願いは断れないだろう、というわけです。けれども、イエスはそのようなことをきっぱりと拒絶しました。では、次なるブローカー候補はといえば、それはイエスと苦楽を共にした十二弟子でしょう。彼らは多忙なイエスと群衆との間に立ち、イエスという強大なパトロンに誰を会わせ、誰を会わせないのかを決める立場になり得たからです。クロッサンは、イエスが目指したのはそのような「ブローカー」のいない王国であり、イエスが特定の場所に定住せずにつねに流浪の旅を続けたのは自分の周囲にブローカーを作らない狙いがあったのだと、論じています。

　この関連で決定的に重要となるのが、イエスの巡回宣教の意味である。彼はなぜ一つの場所に定着することなく方々をめぐり歩き、自分のもとに群衆を集めたのだろうか。後一世紀には、宣教、取引き、行政、あるいは軍事活動のために、常に移動している人々が大勢いた。彼らの巡回活動は自分の任務に起因する偶然的必要事であったが、イエスの場合はどうであろうか。イエスの巡回宣教はたんなる必要以上の意味をもっていたのだろうか。［中略］
霊的賜物と物質的賜物、あるいは奇跡と食卓を平等に分かち合う活動を、一つの場所に中心化させることはできない。なぜなら、そこよりもここ、他の場所よりもこの場所、という場所的な階層構造が、この活動の告知するラディカルな平等主義を象徴的に破壊するからである。ラディカルな平等主義

は、パトローヌス、仲立人、クリエンテスから成る仕組み自体を否定し、そのプログラム的な象徴行為としての巡回宣教を要求する。イエスも弟子たちも、一箇所に定着して仲介施設を作る様子を見せない。われわれにとって自然なヒーラーの姿は、一箇所に留まり、周囲に弟子たちのグループを作り、自分のもとに人々を集めるというものかもしれないが、彼らはそうする代わりに、人々のところに出て行き、いわば毎朝新たに出発する生活をよしとするのである。イエスにとって神の王国は、誰もが既存の仲立人や固定した場所に媒介されることなく、相互に、また神と、直接触れ合うことのできる、非媒介的な徹底的平等を内容とする共同体なのである。[(5)]

　イエスが意図的にブローカー（仲立人）を作らないようにしていたというクロッサンのユニークな主張について、その正否を確定的に判断するのは難しいでしょう。しかし、イエスの神の王国の特性が「徹底的平等を内容とする共同体」だとするクロッサンの慧眼は的を射たものでしょう。使徒言行録によれば、イエスの教えを受け継いだ原始教会は徹底的な平等主義をその特徴としていました。

　信じた者たちは皆一つになって、すべての物を共有にし、財産や持ち物を売っては、必要に応じて、皆がそれを分け合った。（使2章15節）

（5）ジョン・ドミニク・クロッサン『イエス —— あるユダヤ人貧農の革命的生涯』（太田修司訳、新教出版社、1998年）、163、167頁。

平等を目指した共産主義運動は、歴史を振り返るとかえって極端なほどの階層社会を生み出してしまいましたが、真の平等社会が少なくとも一度はキリスト教会の歴史の中で実現したという聖書の証言を深くかみしめたいものです。

［コラム 5］ イエスと旧約聖書

　クロッサンに代表される「イエス・セミナー」の研究者た
ちの多くは、ガリラヤの田舎町で育ったイエスが旧約聖書や
律法についての該博な知識を持っていたはずはなく、無学な
人であり、彼が神についての鋭い洞察を得たのはガリラヤの
自然からだった、と示唆します。しかし、これは今日のアカ
デミックな世界の住民が、学位を持たない人々に対して抱く
偏見を反映しているような気もします。イエスの時代と比べ
るのは時代錯誤なのは承知の上で書けば、アカデミックな世
界では挫折を重ねたアインシュタインは、ほとんど独力で20
世紀の物理学を変える研究を成し遂げました。まさに天才で
す。イエスの場合も、たとえ正式な学問教育を受けていなく
とも、当代一流の律法学者たちを驚嘆させるほどの旧約聖書
の知識を持つことはありうるのです。実際、イエスの実弟だっ
た義人ヤコブはファリサイ派の人々が尊敬するほどに律法を
知悉し、実践していました。イエスの時代のユダヤ教世界に
ついて豊富な知識を持つ、エルサレム・ヘブライ大学の教授
だったダビッド・フルッサル（David Flusser, 1917～2000）は、
イエスの旧約聖書の学識について、次のような見解を記して
います。「イエスにとって勉強は二義的な要素であったが、イ
エス自身の聖書に対する知識は、一般的な域をはるかに超え
たものであった。たぶん、イエスの学力はパウロ以上のもの
を持っていただろう」（「ユダヤ人から見たキリスト教」、手島勲矢
訳編、山本書店、1986年、42頁）。

第16章
「神の王国」と社会学
ゲルト・タイセン

・社会学的アプローチ

　現代のドイツ新約聖書学を代表する学者の一人であるゲルト・タイセン（Gerd Theissen, 1943~）は、社会学的な観点からイエスの「神の王国」について考察します。イエスの始めた「神の王国」運動は、ユダヤ・パレスティナ社会の中で、そしてより広い意味ではローマ帝国の支配する地中海社会の中で生じたものです。イエス運動を、その置かれていた社会の他の運動と比較することで、イエス運動の本質が明らかになる、これがタイセンの試みる社会学的アプローチです。タイセンは、イエスの「神の王国」運動の本質を「価値革命」として捉えようとします。イエス運動とは、当時の社会を覆っていた思想、つまり社会を改革するには武力の行使も辞さないという思想に対する挑戦だった、というのです。[(1)]

・ユダヤ・パレスティナ地方の革新運動

　タイセンは、紀元1世紀のユダヤ社会が危機に直面していた

---

(1) ゲルト・タイセン『イエス運動　ある価値革命の社会史』（廣石望訳、新教出版社、2010年）23頁参照。

ことを指摘します。危機をもたらした要因として、飢饉が頻発
し、人口密集地帯であったパレスティナに大きな打撃を与えた
ことが挙げられます。さらには律法に基づく神殿税に加え、ロー
マ帝国やその傀儡政権であるヘロデ王家への納税という二重課
税に苦しんだ農民たちが、耕作を捨てて物乞いになったり、あ
るいは盗賊になったことも社会情勢を不安定にしました。[2]タイ
センは、貧しさそのものよりも、下流転落への不安の方が人々
を突き動かすものだと指摘します。[3]人々の不安から生まれた
様々な社会運動・革新運動と、イエスの「神の王国」運動を比
較しようというのがタイセンの目論みです。タイセンは、砂漠
で隠遁生活を送ったクムラン宗団のような宗教運動もこのよう
な社会運動の一つとして位置付けます。なぜなら、クムラン宗
団による神殿貴族たちへの批判は、宗教的な面だけに留まらな
かったからです。クムラン宗団では私有財産は否定され、すべ
ての所有は共有されていました。それは、富の独占・集中化を
図る神殿エリートたちへの批判だと見ることができます。また、
盗賊を働いた後に奪ったものを貧しい人々に分配するいわゆる
「義賊」も、富者から貧者への強制的な財産分与と見ることもで
きます。ここにも富を独占する人々への批判があるのです。イ
エスの「神の王国」運動でも、富への批判は明らかです。「あな
たがたは、神と富とに仕えることはできない」(マタ6章24節)
というイエスの言葉が、それを端的に表しています。このよう
に、富の集中化への批判という面では、イエスの「神の王国」

(2) 前掲書、202-214頁参照。
(3) 前掲書、216頁。

運動と他のユダヤ人の運動には共通点があります。しかし、イエスの運動を他のユダヤ教各派の運動と決定的に区分したのは、その徹底した平和主義・非暴力主義だとタイセンは論じます。

　　イエス運動は、その平和愛好的なエートスによって、その他すべての比較可能なラディカルに神権政治的な運動から区別される。抵抗戦士たちとエッセネ派の人々は、外国人を憎悪するよう要求した（『宗教要旨1QS』1・10を参照）。イエス運動には、この攻撃的な特徴が欠けている。その他の預言運動が外国支配からの解放モデルとして出エジプトを採用した一方で、イエスは将来的ヴィジョンをユダヤ教内部の領域から引き出した。すなわち神殿建築が新しいもののテュポスとなったのである。それは内的な革新を意味した。[4]

　イエスの「敵を愛する」ほどに徹底した平和主義に対し、彼の同時代のユダヤ人たちは暴力に訴えることで神の支配の実現を達成しようとしました。使徒言行録によれば、使徒たちへの迫害を諫めたファリサイ派のガマリエルは、武力に訴えてでも神の支配をもたらそうとした当時の抵抗戦士たちについて、次のように語っています。

　　イスラエルの人たち、あの者たちの取り扱いは慎重にしなさい。以前にもテウダが、自分を何か偉い者のように言って立ち上がり、その数四百人くらいの男が彼に加わったことが

(4) 前掲書、271 頁。

あった。彼は殺され、従っていた者は皆散らされて、跡形も
なくなった。その後、住民登録の時、ガリラヤのユダが立ち
上がり、民衆を率いて反乱を起こしたが、彼も滅び、従って
いた者も皆、ちりぢりにさせられた。[5]

　ガマリエルが言及した「ガリラヤのユダ」は非常に重要な人
物です。ローマ帝国は紀元6年に人口調査を行って、ユダヤ人
に人頭税をかけようとしたのですが、ガリラヤのユダは人頭税
はイスラエルの神のみに納めるべきものだと主張し（出30章13
節参照）、「神より他に王なし」というスローガンを掲げて蜂起し
ました。[6] この時ユダの反乱は鎮圧されましたが、彼の思想は生
き残り、彼の子孫たちは対ローマ戦争を主導していくことにな
るのです。[7]
　このような地方での反乱の他にも、聖都エルサレムのただ中で
テロ行為を行うことによって大祭司とローマによる支配を転覆
しようとする運動も生まれました。それは「シカリ党」と呼ばれ
る人々で、彼らについてヨセフスは次のように記しています。

　こうして地方は清掃されたが、新手の野党がエルサレムで増
殖した。シカリオイと呼ばれる者たちで、彼らは日中都の中
で人々を殺害した。彼らはとくに祭りのときに衣服の下に短
剣（この歪曲した短剣はシカと呼ばれた）を隠し持って群衆に紛

（5）使徒 5:35 － 37。
（6）ヨセフス『ユダヤ古代誌』18.4 － 5 を参照。
（7）ヨセフス『ユダヤ戦記』2.433 参照。

れ込み、敵対する者たちをその剣で刺した。そして、相手が倒れると、暗殺者たちは憤激する群衆のひとりになりすました。このもっともらしい素振りのために、彼らが見破られることはなかった。大祭司のヨナテスは彼らに殺害された第一号だったが、彼以降は、連日、多くの者が殺された[8]。

　このような巧妙なテロ行為は、ユダヤの貴族階級を恐怖のどん底に突き落とし、社会を不安定化させ、ローマとの戦争に突き進む空気を醸成していったのです。こうした暴力的な動きに対し、イエスは全く異なる方法によって社会を変換させようとしました。タイセンによれば、抵抗運動におけるテロ行為に相当するものは、イエス運動においては奇跡的な病の癒しでした。テロ行為も奇跡的治癒も、それを目撃した人に大きな衝撃を与えますが、その与える影響は正反対のものです。暴力によってもたらされるのは暴力の王国となるでしょうが、癒しによってもたらされるのは平和の王国だからです[9]。このように、イエスの「神の王国」の平和的な側面は、同時代の他のユダヤ教運動との比較において一層明らかになるのです。

・千年王国運動とは何か？
　社会学的アプローチでは、イエスの「神の王国」を同時代の他の運動と比較するだけでなく、異なる時代の類似した運動と

（8）ヨセフス『ユダヤ戦記』2. 254 − 256.（秦剛平訳、筑摩書房、313 頁より引用）。
（9）タイセン、前掲書、268 頁。

の比較をも行います。この地上世界にユートピア的な世界が出現するという期待は、様々な時代や文化の中で生まれました。特にそれは、外国勢力に征服された被征服民が抱く場合が多かったのです。このような、比較優位にある異文化との軋轢から生まれる被征服民によるユートピア願望を、文化人類学では「千年王国運動」と呼びますが、タイセンはイエスの「神の王国」運動もそれに分類されると述べています。

> 見紛うことなくイエス運動は、ローマの帝国的な異文化と地元ユダヤ文化との間の葛藤によって条件づけられた一連の運動に属する。そうした運動には、植民地化 [を推進] する権力と地元文化の衝突を経験する国々に、多くの並行事例がある。民俗学と社会学はこうした運動を、多少とも大まかに「千年王国運動」－「ミレナリスティック」ないし「キリアスティック」な運動－と呼ぶ[10]（millenium および chilia は千を意味する）。

「千年王国」とは、元来はヨハネ黙示録 20 章 4 節に登場するキリストと聖徒らによる千年間の統治を指す言葉です。この千年が文字通りの期間を指すのか、あるいは象徴的な数字なのかは議論の分かれるところですが、千年王国という言葉そのものは「至福千年」という言葉が示すように、今日の私たちが生きる世界とは劇的に異なる理想郷的な世界をイメージさせる言葉

（10）前掲書、150 頁。

として使われてきました（ただし、アウグスティヌス以降の主流の西洋キリスト教神学では、キリストの初臨と再臨の間の期間のことを「千年王国」として理解。コラム3、4を参照）。

　この千年王国到来の希望は、皮肉にもキリスト教を掲げる西洋列強によって支配されてきた非キリスト教圏の植民地の人々の心に火をつけて、数々の運動を生み出してきました。こうした運動には、抑圧された植民地において現地のカリスマ的な人物によって率いられた平和的な運動として始まるものの、そのリーダーは非業の死を遂げ、やがてそのリーダーの神格化が始まる、というようなパターンが認められます。タイセンはそのような運動について、四つの具体例を挙げていますが、ここではその一つ、「中央アフリカにおけるキンバンク主義」についてのタイセンの記述をそのまま引用しましょう。

　　この千年王国運動は、バプテスト派教会に所属したサイモン・キンバンクに遡る。1921年、彼は夢と幻の中で、病気治癒を行うようにという命令を受けた。内面的な抵抗の後に、キンバンクはようやくそれを行った。癒しのカリスマは、説教者としても彼に大きな影響を与えた。彼の説教の中心的な内容は、地元文化の呪物崇拝を捨てて一神教に転じること、および一夫多妻制に代えて一夫一婦制を厳守することである。彼は1921年3月から11月まで活動したにすぎないが、逮捕されて死刑宣告を受けた。しかし後に恩赦により終身刑となり、エリザベトヴィルの牢獄で30年収監された後、1951年に死亡した。やがてキンバンクの信奉者たちは、彼

が黒人たちのメシアであると考えるようになり、彼の受難は
イエスの受難の反復であるとして、空から彼が再臨すること
を期待した。[11]

　こうした運動は、イエスによって創始された原始キリスト教
とどのように似ていて、また何が異なるのでしょうか。もちろ
んキリスト教信仰の立場からは、イエスだけが真の神であり真
の人であるので、他のどのような人物とも比較の対象にならな
いことは言うまでもないでしょう。ここで問題となるのは、運
動の中心人物の比較ではなくて、運動そのものの比較です。イ
エスの「神の王国」運動は先進文明（ローマ）により植民地化さ
れた被征服民（ユダヤ）から生まれた運動であり、征服者と被征
服者との緊張関係から生まれた運動であるという事情はキンバ
ンクらの反帝国主義運動の背景と同様です。その運動のカリス
マ的指導者の屈辱的な死にもかかわらず、いやむしろその死の
ゆえに、その運動は新たなモメンタム（勢い）を得た、という点
でも原始キリスト教と他の千年王国運動には類似性があります。
また、西欧植民地統治下でのカリスマ指導者たちはキリスト教
に強い影響を受けていたために、これらの千年王国運動の多く
は非暴力的でした。
　こうしたいくつかの共通項があることを認めながらも、タイ
センは原始キリスト教とこれらの千年王国運動には決定的な違
いがあると指摘します。

（11）前掲書、151 頁。

・原始キリスト教運動の際立った独自性

　タイセンは原始キリスト教の独自性を、異民族をも抱擁することのできる文化浸透力に見出しています。

　　他のユダヤ教内部の革新運動とは異なり、イエス運動には異質なものを土着主義的に拒絶する態度がなかった。また他のすべての千年王国運動と異なり、イエス運動は紀元一世紀には住民のごく一部が参加したにすぎなかったとはいえ、外国文化出身者たちを仲間に引き入れることに成功した。そして小さなキリスト教の諸集団において非ユダヤ人は、じきに多数派を形成するに至るのである。[12]

　自国を植民地化する外国の政治的・経済的・文化的侵略から自民族の伝統を守ろうという強い動機が、紀元1世紀のユダヤにおける様々な抵抗運動にも、西洋列強によって植民地化された国々の「千年王国運動」にもあったのは事実です。しかしタイセンによれば、イエスの「神の王国」運動は異文化・異文明への開かれた態度において、他の抵抗運動とは一線を画しました。イエスはその宣教対象を「イスラエルの家の失われた羊たち」に限定していましたが（マタ15章24節）、サマリア人や異邦人へも開かれた態度を示し続けました（ヨハ4章4-42節；12章20-22節）。このイエスの開かれた態度は使徒たちによってさらに徹底され、キリスト教は世界宗教として発展していったのです。そのことを、タイセンはこう記しています。

（12）前掲書、157頁。

イエス運動は、その他の千年王国運動が克服できなかった限界、すなわち自民族と他の諸民族の間の境界線をまさに乗り越えた。このことは、この千年王国運動が、普遍主義的な傾向をうちに備えたひとつの古い宗教［ユダヤ教］に由来することと関係がある。この文化の「再活性化」は、たんに異質なものの拒絶ではなく、むしろそれとの統合に至った。イエス運動から生まれた原始キリスト教はユダヤ教内部よりも、ユダヤ教外部でより迅速に広まった。近代のさまざまな千年王国運動に、それに類似した事例はない。植民地宗主国が新しい預言者運動に影響されたことはどこにもなかった。[13]

　ローマ帝国内の辺鄙な植民地に過ぎなかったユダヤの地から、世界宗教が誕生したのは、その母体であるユダヤ教が既に普遍主義的な方向性を宿していたからでしょう。預言者イザヤは「祝福あれ、私の民エジプト、私の手の業アッシリア、私のものであるイスラエル」という驚くべき神のヴィジョンを語りましたが（イザ19章25節）、それが遂に具現化したのがイエスによって創始された「神の王国」だったのです。今日、再び自国第一主義、ナショナリズムの嵐が世界中で起こりつつある中、イエスの「神の王国」運動の異文化との軋轢を乗り越える力に目を向けるべきではないでしょうか。

（13）前掲書、157頁。

第Ⅴ部

「神の王国」と万物の刷新

第Ⅴ部要旨

　これまでは、イエスの神の王国について、主に四福音書に基づいて考察を重ねてきました。第Ⅴ部では、四福音書以外の新約聖書文書から、「神の王国」について探求していきます。新約聖書の中核の一つのパウロ書簡、新約聖書の中でも最も難解な書と言われるヘブライ人への手紙、そして新約聖書の最後の書であるヨハネ黙示録を取り上げます。

　これらの文書の研究を通じて浮かび上がってくるのは、新約聖書の展望する「神の王国」が宇宙的な広がりを持っていることです。契約の民イスラエルにとどまらず、全人類、さらには全被造物に及ぶ神の支配がどのように実現していくのかを視野に入れているのです。

　本章で取り上げる三人の学者はいずれもスコットランド最古の大学、セント・アンドリュースで新約学の教育・研究を担ってきた方々です。スコットランドの雄大な自然を思い浮かべながらお読みくだされば幸いです。

セント・アンドリュース大学神学部
（セント・メアリーズ・カレッジ）の中庭（山口撮影）

第 17 章
「神の王国」とパウロ書簡
N. T. ライト

・パウロと旧約聖書

共観福音書によれば、イエスのメッセージの中核には「神の王国の到来」の告知があったのは明らかです。他方で、使徒パウロの書簡には「神の王国」というフレーズは数えるほどしか登場しません。そもそもパウロ書簡には生前のイエスの教えがほとんど引用されていないし、イエスが語った神の王国の譬えに至っては、全く言及されていません。パウロが地上の生涯を送ったイエスを語る場合、ガリラヤで神の王国を宣べ伝えたイエスについて語ることはなく、ほぼすべてがエルサレムでの十字架と復活の出来事に集中しています。

このように、パウロの語るイエス像にある種の偏りがあるのは致し方ないことかもしれません。パウロはおそらく生前のイエスに一度も会ったことがありません。パウロが宣教活動に励んでいた時には、四福音書はまだ書かれていなかったので、パウロが生前のイエスについて知りうるのは、十二弟子などからの口伝情報のみだったでしょう（I コリ 11:23; 15:3）。しかし、エルサレムの使徒たちの権威からの独立を強く主張したパウロが、彼らからイエスについて詳しく教えられる機会はほとんどな

かったと思われます（唯一の機会として、ガラ 1:18）。ペトロたち十二弟子とパウロの関係を現代風にたとえるならば、学歴はなくとも創業社長と会社立ち上げのために苦楽を共にし、社長から直接経営のための薫陶を受けてきた古参の社員たちと、創業者のことは直接知らないものの、アメリカの一流大学で最先端の経営学を学んできた上で、社長の掲げたヴィジョンにほれ込んで入社してきた超エリート社員、というほどの関係になるでしょうか。ガリラヤの漁師などから構成されていた十二弟子たちは、商いのためのごく簡単なギリシア語は使えたかもしれませんが、パウロのようにギリシア語で立派な書簡をしたためることはとても無理だったでしょうし、アラム語は理解しても日常言語ではなかったヘブライ語を自由に操れたかも定かではありません。それに対し、パウロは旧約聖書をそらんじられるほど熟知していて、それもヘブライ語とギリシア語の両方の聖書に堪能だったと思われます。また、ファリサイ派としての徹底的な訓練を受けていたパウロは聖書釈義をめぐる議論の技量においても十二弟子たちとは相当の差があったことでしょう。このように、十二弟子たちとの比較においてパウロを特徴づけたのは旧約聖書の圧倒的な知識と、それを駆使して立論する能力だと言えるでしょう。

　パウロが自らの旧約聖書の読み込みの深さ、独自さをいかんなく発揮したのが割礼論争の時でした。異邦人信者に割礼を受けるようにと促したユダヤ人キリスト教徒たちは、その根拠として旧約聖書を用いたのは間違いありません。創世記 17 章 9 － 11 節には次のように書かれているからです。

神はアブラハムに言われた。「あなたと、あなたに続く子孫は、代々にわたって私の契約を守らなければならない。私とあなたがた、およびあなたに続く子孫との間で守るべき契約はこれである。すなわち、あなたがたのうちの男子は皆、割礼を受けなければならない。包皮に割礼を施しなさい。これが私とあなたがたとの間の契約のしるしとなる。」

　ガラテヤ書簡でパウロが「かき乱す者」と呼んだ別のキリスト教の宣教団は（ガラ 1:7）、この明確な聖書の指示を用いて異邦人信徒たちに割礼を促したことでしょう[1]。それに対しパウロは、アブラハムが神から義とされたのは割礼を受ける前だったという故事を指し示し、その事実から異邦人信徒が義とされるためには割礼は必要ではないという自身の見解を擁護しました（ロマ 4:1 － 12）。ユダヤ教二千年の歴史の中でも、アブラハムの義認の出来事から異邦人に割礼が不要だという結論を導き出したのはパウロが初めてだったでしょう。このように、原始教会において、旧約聖書を縦横無尽に用いる力ではパウロは飛びぬけた逸材でした。

　パウロはイエスの神の王国についての教えや譬えについて詳しくは知らなかったかもしれませんが、イエスが神の王国（支配）の到来を宣べ伝えていたことはもちろん知っていたでしょう。それは当時の多くのユダヤ人たちが強く願っていたもので

---

(1) E. P. サンダース『パウロ』（土岐健治・太田修二訳、教文館、2002
　　年）112 － 113 頁参照。

もありました。ユダヤ人たちにとってイエスを信じる上で乗り越えなければならなかった難題は、偶像礼拝者である異邦人による支配（ローマ帝国）を打ち破り、神の支配を実現するはずのメシアが、こともあろうにそのローマの手によって十字架で処刑されてしまったというパラドックスでした。パウロも初めは「十字架に付けられたメシア」というキリスト教徒たちの主張を冒涜だと考え教会を迫害するのですが、復活の主との邂逅によってこのパラドックスに直面するよう迫られます。パウロはそこで、「十字架」の意味について旧約聖書に照らして考え抜くわけですが、この点について、N. T. ライトの見解を見ていきましょう。

・旧約聖書とイスラエルのストーリー

　パウロはイエスの十字架での死の意味を、旧約聖書の光によって理解しました。パウロが「キリストが、聖書に書いてあるとおり私たちの罪のために死んだこと」（Ⅰコリ 15:3）と書いていることからも、そのことは明らかです。では、「聖書に書いてあるとおり」とは具体的にはどの箇所を指して言っているのでしょうか。イザヤ書 53 章でしょうか？　そうかもしれません。けれども、イザヤ書 53 章に登場する「苦難のしもべ」はキリストとは呼ばれていないし、パウロの書簡でも、イザヤ書 53 章のしもべがイエスを指していると論じられている箇所はありません。さらに難しい問題は、「聖書に書いてあるとおり三日目に復活したこと」という一節です。旧約聖書のどこを探しても、神から油注がれたメシアが死んで三日後に復活すると予告して

いる箇所はないからです。パウロが「聖書に書いてあるとおり
に」という場合、宗教改革の時代に作られたウェストミンスター
信仰告白などの長大な信条における「証拠聖句」のようなもの
をイメージしているのではなさそうです。

　ライトは、パウロが「聖書に書いてあるとおり」という場合、
彼の念頭にあるのは特定の聖書箇所ではなく、旧約聖書全体、よ
り正確に言えば旧約聖書全体を貫く「イスラエルのストーリー」
なのだ、と論じます。

　　新約聖書全体を突き動かしているのがこのイスラエルのス
　　トーリーなのだが、それは驚くにはあたらない。なぜならそ
　　れは、イエス自身をも突き動かしたものだったからだ。パウ
　　ロが「キリストが、聖書に書いてあるとおり私たちの罪のた
　　めに死んだ」というとき、一生懸命探せばいくつかの証拠聖
　　句が見つかるだろうと言おうとしたのではない。パウロが意
　　図していたのは［……］、アブラハムからメシアへと至るイ
　　スラエルのストーリーは、全世界を救うための創造主なる神
　　のご計画として読まれるべきだということだ。[(2)]

　ここで注意すべきなのは、「イスラエルのストーリー」とは
「アダムによる堕罪と、キリストによる贖罪」というストーリー
とは異なる、ということです。もちろん、後者のストーリーも
パウロ書簡には登場しますが（ロマ 5:17 以降）、選びの民イスラ

　(2) N. T. Wright, *Pauline Perspectives: Essays on Paul, 1978-2013* (Minneapolis:
　　　Fortress 2013), 363 [拙訳]

エルを中核とするストーリーこそパウロにとって最も大切なストーリーだったとライトは主張しているのです。ではイスラエルのストーリーがなぜそんなに重要なのかと言えば、イスラエルのストーリーの根底にあるのは神のアブラハムへの約束だからです。神がアブラハムに与えた約束には、アブラハムの直接の子孫であるユダヤ人以外の人々、すなわち異邦人たちへの祝福が含まれています。異邦人の使徒であったパウロにとって、この点はきわめて重要なことでした。パウロは「福音」を「すべての異邦人があなた（アブラハム）によって祝福される」ことだとさえ述べています（ガラ 3:8）。パウロは、神がアブラハムを選んだ目的とは、彼（とその子孫）を通じて異邦人たちが祝福されることにあったと見ていたのです。これは当時のユダヤ人の間では、かなりユニークなアブラハム理解であったと言えるでしょう。少なからぬユダヤ人は、自分たちがアブラハムの子孫として異邦人に祝福をもたらすべき民族だと理解していたかもしれません。しかし、真の神を知らぬ異邦人のローマ帝国による支配と搾取に苦しんできたために、神を侮る異邦人の帝国を打倒し、彼らの積み上げてきた悪行に対し神の裁きの鉄槌を下すことこそイスラエル（とそのメシア）の使命だと信じる人々の方がずっと多かったでしょう。[3]

　パウロ自身も回心前はそのように考えていたと思われますが（そのために、異邦人によって殺された人物をメシアと呼ぶ人々が許せなかったのでしょう）、イエスを信じるようになってからは、彼の

（3）第四エズラ 11 章 37-46 節を参照。

異邦人に対する態度は大きく変わり、それどころか自らの召命を異邦人に祝福をもたらし、彼らをイスラエルの神へと導くことだと確信するようになりました。

> それは、私が神から恵みをいただいて、異邦人のためにキリスト・イエスに仕える者となり、神の福音のために祭司の役を務めているのです。そして、それは異邦人が、聖霊によって聖なるものとされた、御心に適う供え物となるためにほかなりません。（ロマ 15 章 15 – 16 節）

　パウロは自らを、異邦人をイスラエルの神に献げるための祭司だとみなしたのです。そして、パウロはイエスの宣教をも異邦人に救いをもたらすためだった主張します。それを端的に示しているのがローマ書 15 章 8 – 13 節です。

> 私は言う。キリストは神の真実を現すために、割礼のある者に仕える者となられました。それは、先祖たちと交わした約束を揺るぎないものとするためであり、異邦人が神をその憐れみのゆえに崇めるようになるためです。
> 「それゆえ、私は異邦人の間で
> あなたに感謝し
> 御名をほめ歌おう」
> と書いてあるとおりです。
> また、
> 「異邦人よ、主の民と共に喜べ」と言われ、さらに、

「すべての異邦人よ、主を賛美せよ。

すべての民よ、主をほめたたえよ」

と言われています。また、イザヤはこう言っています。

「エッサイの根が興り

異邦人を治めるために立ち上がる。

異邦人は彼に望みを置く。」

希望の源である神が、信仰によって得られるあらゆる喜びと平和とであなたがたを満たし、聖霊の力によって、あなたがたを希望に満ち溢れさせてくださいますように。

　しかし、イエスはその宣教の対象をユダヤ人に限定していたように思われます（マタ15章24節）。異邦人への宣教についてイエスがどう考えていたのか、その胸の内までは分からないとしても、イエスがパウロのように異邦人世界を駆け巡って、異邦人たちにイスラエルの神を宣べ伝えることはなかったのは疑いようのない歴史的な事実です。ではパウロは、イエスの公生涯がどのような意味で、異邦人を真の神へと導くためのものだったと言うことが出来たのでしょうか。

・イエスの十字架と異邦人への祝福

　パウロがイエスの十字架での死と、異邦人への祝福を明確に結びつけている箇所があります。それがガラテヤ書3章13－14節です。

　キリストは、私たちのために呪いとなって、私たちを律法の

呪いから贖い出してくださいました。「木に掛けられた者は皆、呪われている」と書いてあるからです。それは、アブラハムに与えられた祝福が、キリスト・イエスにおいて異邦人に及ぶためであり、また、私たちが、約束された霊を信仰によって受けるためでした。

　ここでパウロは、イエスが十字架に掛かって呪われたのは、異邦人にアブラハムの祝福の約束が及ぶためだと論じています。パウロは、「キリストは、私たちのために呪いとなって、私たちを律法の呪いから贖い出してくださいました」と述べていますが、この「私たち」とは誰を指すのでしょうか？　それはすべてのキリスト者のことだ、と多くの人は考えるかもしれませんが、この伝統的な解釈には大きな問題があります。なぜなら、パウロは異邦人が「律法の下にいる」とは決して言わないからです。[4] パウロの言う「律法」とはモーセの律法のことですが、それは契約の民イスラエルにだけ適用されるものです。そもそもガラテヤ書簡が書かれた目的は、律法の下にいない異邦人キリスト者が、割礼を受けることでモーセの律法の下に置かれ、律法を守る義務を負うことになるのを阻止することでした（ガラ5:3）。モーセの律法の下にはいない異邦人は、モーセの律法の「呪いの下」にはいないのです。したがって、ガラテヤ書3章13節の「私たち」とはユダヤ人、特にユダヤ人キリスト者を指

（4） Brian S. Rosner, *Paul and the Law: keeping the Commandments of God* (Downers Grove: InterVarsity Press, 2013), ch. 2 参照。

「神の王国」を求めて —— 近代以降の研究史　*205*

していることになります[5]。ユダヤ人キリスト者たちは、どうしてもモーセの律法の呪いから贖われる必要がありました。なぜなら彼らこそアブラハムへの祝福の約束を異邦人に届ける使命を帯びた人々だったからです。実際、最初期のエルサレム教会はすべてユダヤ人で構成されていました（使 1:12 – 14）。この意味で、すべての異邦人キリスト者は、ユダヤ人キリスト者を通じて、アブラハムの祝福に与るようになったのです。

　そしてイエスは、ユダヤ人のメシアであったからこそ、契約の呪いを一身に背負うことが可能だったのです。ユダヤ人たちは神の契約を破ったため、契約の呪いの下に置かれ続け、異邦人たちに祝福を届けるという役割を果たすことが出来ませんでした。彼らは機能不全を起こしていたのです。彼らを呪いから救い出し、本来の使命、つまり異邦人に光を届けることを可能にすることがイエスの十字架の目的でした。ライトは次のように解説します。

　　イエスはイスラエルの代表であったので、彼らの身代わりになりえたのだ。彼は自分自身の上に他の［イスラエルの］人々の呪いを背負うことができたので、彼らはもはやそれを背負うことはなくなった。それは単に、「呪いの下」にいた人々が、今やその呪いから解かれたというだけではない。14節はそういうことを言っているのではない。ここでの要点は、トーラーの呪いにより滞ってしまったアブラハムの約束

---

(5) N. T. Wright, *Paul and the Faithfulness of God* (2vols, Minneapolis: Fortress 2013), 2: 865 参照。

が、今や本来の目的地に向けて進みだしたということなのだ。イスラエルのメシアが障害物を取り除いてくれたので、アブラハムの約束は今や諸国民に達することが可能になった。[6]

　イスラエルのストーリーのクライマックスは、アブラハムの約束が全世界の諸国民に届けられること、そして全世界の人々が一つの神の民、一つのアブラハムの家族となることでした。しかし、その約束を世界に届ける使命を帯びたイスラエルはモーセの律法の呪いの下に置かれ、異邦人を祝福するどころか彼らへの敵意を募らせるようになってしまいました。契約の民イスラエルは、かえってアブラハムの約束が成就することへの妨げとなってしまっていたのです。しかし、イスラエルのメシアが自ら契約の呪いを背負うことで、今や新しい時代が到来しました。ユダヤ人と異邦人との敵意の壁は壊され、彼らはキリストにおいて一つの民を形成するようになったのです。こうして、メシアの死を通じてアブラハムの約束は成就し、イスラエルのストーリーはあるべきクライマックスを迎えることになりました。全世界の人々がイスラエルの神に礼拝を献げることは、すなわち神の支配（王国）が全世界に及ぶことです。このように考えるならば、パウロの神学においても、「神の王国」はその中心にあったということができるのではないでしょうか。

---

(6) 前掲書、865 [拙訳]

［コラム 6］　天国のかたち

　イエスの語った「神の王国」とはあの世の天国のことではなく、この世に「神の支配」が新しい形で到来することだ、ということを本書では繰り返し述べてきました。他方で、人間の霊（魂）は死んだ後にはこの世界を離れ、霊的な世界に移るということが古今東西、様々な宗教で信じられてきました。もちろん、キリスト教もその例外ではありません。次章で紹介するヘブライ人への手紙では、この霊界、あるいは天国が重要な舞台となっています。特に注目すべきなのは、イエスが「もろもろの天を通って来られた偉大な大祭司」（4章14節）と呼ばれていることです。もろもろの天、ということは、天界がいくつかの階層から成っていることを意味します。使徒パウロは自分が生きたまま天国に行った時のことを、「その人は十四年前、第三の天にまで引き上げられたのです。体のままか、体の外に出てかは知りません」（Ⅱコリ12章2節）と書いています。第三の天というからには、第一、第二の天もあるのでしょう。つまりパウロは三層構造の天国をイメージしていたのです。仏教でも、最上位の世界は四天と呼ばれる四つの世界から成っていて、その最上の世界が有頂天と呼ばれます。ユダヤ黙示文学では、天国はしばしば第七の天まである七層の世界として描かれます。その最上の第七の天に、天の神殿、聖所があります。イエスはそこに昇っていって、人類のための贖いを成し遂げたというのがヘブライ書簡の提示する、永遠の大祭司イエス像なのです。

第18章
「神の王国」とヘブライ人への手紙
デイビッド・モーフィット

・プラトン主義の二元論？

　ヘブライ人への手紙は、神学的な奥行きや深さという意味では新約聖書でも屈指の書簡で、大祭司キリストを提示する新約唯一の書でもあります。しかし、その神学はあまりにもユニークで、共観福音書のそれとは大いに異なると、しばしば考えられてきました。特にヘブライ書簡の救済観はプラトン主義的な霊肉二元論、つまりこの物質的な地上世界から逃れて、霊の世界に行くことが救いだとされる世界観に基づいていると考えられてきました。次の一節など、まさにそのような思想を端的に表したものとされてきたのです。[1]

　　ところが実際は、彼らはさらにまさった故郷、すなわち天の
　　故郷にあこがれていたのです。(11章16節)

　イエスが宣べ伝えた「神の王国」とは、天で神の御心がなさ

---

(1) このような見方は、ドイツの聖書学の大家エルンスト・ケーゼマンによって提唱されました。近年の研究書として James W. Thompson, *Hebrews* (Grand Rapids: Baker Academic 2008), 237-8 を参照。

れているように地の上でも神の御心がなされること、神の支配がこの地上で打ち立てられることなのだとすれば、プラトン的世界観に基づくヘブライ書簡にはこの地上世界そのものが救済されるという意味での「神の王国」の希望はない、ということになるでしょう。

　ところが昨今、ヘブライ人への手紙は霊肉二元論どころか、むしろ人間は肉と霊の両方が備わってこそ人間なのだという霊肉一元論を強く主張している書簡だ、という見方が提起されています。ヘブライ書簡には「からだの復活」の希望が表明されており、復活したからだで受け継ぐべき刷新された地上世界への希望が根底にあるのだ、と英国セント・アンドリュース大学で新約学を教える気鋭の学者、ヘブライ書簡のエキスパートであるデイビッド・モーフィット（David Moffitt, 1974 ～）は論じています[2]。

・御子と天使

　ヘブライ書簡 1 章には七つの旧約聖書の箇所が引用されています[3]。では、この一連の引用によって同書簡の著者は何を論じようとしているのでしょうか。それは御子と天使の比較です。御子は天使よりも優れている、ということを論証するために、旧約聖書が縦横無尽に用いられているのです。ここで「天使」と

---

(2) 本章は、日本福音主義神学会東部部会・2019 年春期研究会での講演内容をベースにしています。

(3) 七つの旧約聖書引用の詳細については、Thompson, 前掲同書 47 を参照。

は何者か、ということを改めて確認するために、その定義を組織神学者であるウエイン・グルーデムの著作から引いてみましょう。

　天使とは、造られた、霊的な存在であり、道徳的判断力と高い知性を持つ。しかし、物質的なからだを持たない[(4)]。

　天使と人間との最も大きな違いは、天使は物質的なからだを持たない存在である、ということです（天使にも、霊的なからだ、と言うべきものはあります）。ヘブライ書簡の議論は、この「天使」という存在は何者であり、人間との関係はどのようなものか、ということを考えずしては理解できません。ここでは、天使と人間一般との関係よりも、まず御子と天使との関係に注目しましょう。特筆すべきは、御子と天使の関係は、御子が受肉した時と、高挙した時に変化していることです。

　①受肉前の御子と天使との関係は以下の通りです。
　御子＞天使
　神は［……］御子を通して世界を造られました（1章2節）[(5)]。

（4）Wayne Grudem, *Systematic Theology: An Introduction to Biblical Doctrine* (Grand Rapids: Zondervan 1994), 397 [拙訳]
（5）「世界」は複数形のアイオーナス（αἰῶνας）なので、「もろもろの時代」とも「もろもろの世界（天と地など）」とも解することができますが、ここでは後者を指すと解すべきでしょう。

本書簡の冒頭の1章2節に「神は御子を通して世界を造られました」とあるように、御子は世界の創造に関与します。天使たちも造られたものなので、創造者が被造物よりも大いなるものなのは当然です。したがって、御子は天使たちよりも偉大なのです。

　②しかし、受肉した後の御子と天使との関係は変わります。
　天使＞御子（イエス）
　　ただ、僅かの間、天使より劣る者とされたイエスが……。
　　　　　　　　　　　　　　　　　　　　　　　　　（2章9節）

　ヘブライ書2章9節で「イエス」という名前が本書簡で初めて登場しますが、イエスははっきりと「天使より劣る者とされた」であると言われます。受肉して地上の生涯を歩まれた御子イエスは天使たちよりも劣る者として歩まれたのです。

　③さらに、高挙の後にはこの関係は再び逆転します。
　御子（イエス）＞天使
　　御子は、天使たちより優れた者となられました。天使たちにまさる名を受け継がれたからです。（1章4節）

　御子が罪の清めを成し遂げて天に上げられた時のことが1章4節に書かれているのですが、その時に天使たちよりも優れた者と、と言われています。ギノウマイ（γίνομαι）という動詞が使われていますが、それは「起きる、起こる、始まる」という

意味があるように、状況の変化を示唆します。御子の天使たち[6]に対する立場は、低い状態から高い状態へと変わったのです。

　そこで考えたいのは、御子は受肉した時に、①なぜ天使よりも劣る者とならなければならなかったのか、②また高挙の時に、どのような理由で御子は天使より優れた者となったのか、という二つの問いです。

・今の世を治める天使

　御子と天使とを比較することの重要性を理解するためには、ヘブライ書簡の前提となっている「世界観」をよく理解する必要があります。イエスの時代のユダヤ教には様々なグループが存在しましたが、ユダヤ人たちの中には天使の存在を信じるグループと信じなかったグループがいました。使徒言行録23章8節によれば、

> サドカイ派は復活も天使も霊もないと言い、ファリサイ派はこのいずれをも認めているからである。

　このように、ユダヤ人の中で天使の存在を認めなかったのはサドカイ派と呼ばれるグループでした。彼らは祭司階級・貴族階級の人々で、旧約聖書の中のモーセ五書だけを正典として認めていました。一方、ファリサイ派は天使の存在も、からだのよみがえり、つまり復活も信じていました。なぜ彼らがそれら

（6）織田昭編『新約聖書　ギリシア語小辞典』（教文館、2002 年）、114－115 頁。

を信じていたのかと言えば、それは旧約聖書の中での唯一の黙示文書、ダニエル書を正典として受け入れていたからでした。ダニエル書は、終わりの時における死者の復活とそれに続く裁きを明確に語る旧約聖書の中の唯一の書で、また「ペルシャの天使長」、「ギリシアの天使長」、「イスラエルの天使長ミカエル」と呼ばれる天使たちの戦いが地上の諸王国間の戦いにも影響を及ぼすなど、天使たちが人類の諸民族の歴史に大きなインパクトを与えているという世界観を明確に表明している唯一の書でもあります。(7)サドカイ派はダニエル書を正典として認めていませんでした。それで彼らは復活も天使もないと主張した。これは、正典をどの範囲に定めるのかによって、神学は全く異なったものとなってしまうことを示す格好の例だと言えるでしょう。

　このようにファリサイ派は天使たちの存在を信じていたのですが、おそらくは彼ら以上に天使の存在に深い関心を寄せていたグループがありました。彼らは新約聖書には登場しないものの、大変有名なグループです。それは、死海文書を残した、エッセネ派というグループに属するクムラン宗団の人々です。クムラン宗団の人々も、サドカイ派と同じく祭司階級の人々から成るグループでしたが、サドカイ派は神殿を支配する与党勢力であったのに対し、クムランの人々は神殿を追われて野に下った人々でした。そのため彼らは同じレビ族でありながらサドカイ派とは異なり、権力者たちを鋭く批判する黙示文学を大変重要視していたのです。天使たちへの深い関心はユダヤ黙示思想の

(7) 復活と裁きについてはダニエル書 12 章 1-3 節、また地上の王国を
　　支配する天使たちについては、ダニエル書 10 章 13, 20-1 節を参照。

大きな特徴の一つですが、死海文書を読んでいると、天使たちがあらゆるところに登場します[8]。天使たちの中には神に従う天使もいれば、神に反逆するサタンとそれに従う堕天使たちもいます。ヘブライ書簡が天使たちに大きな関心を示し、御子が天使たちよりも優れているのを示そうとしているのも、それがユダヤ黙示思想に根差した世界観を持つ書簡だからだと言えるでしょう。ユダヤ黙示的世界観では、今の時代、つまり万物が更新され新しい時代が到来する前の時代において、人間は天使よりも劣る存在だと見なされます[9]。なぜそうなのかといえば、神がそのような創造の秩序を定められたからというよりも、むしろ人間の「罪」のゆえに、なのです。人類は罪により、神の栄光に相応しくない存在になってしまいました[10]。その結果、「人間」というグループ全体は「天使」よりも低い存在とされたのです。このような見方の根拠を、聖書の中にも見出すことができます。一例として申命記32章8節が挙げられます。この一文のマソラ訳（現在の旧約聖書翻訳のベースとなるヘブライ語のテクスト）と七十人訳（旧約聖書のギリシア語訳）を比べてみましょう。

---

(8) 死海文書における黙示思想については、J. J. Collins, T*he Apocalyptic Imagination: An Introduction to Jewish Apocalyptic Literature* (3rd ed., Grand Rapids: Eerdmans, 2016), ch. 5 を参照。

(9) Christopher Rowland, *The Open Heaven: A Study of Apocalyptic in Judaism and Early Christianity* (New York: Crossroad Publishing Company, 1982), ch. 4 参照。

(10) 使徒パウロはローマ書3章23節でこのことを言っている可能性があります。

マソラ訳：いと高き方が相続地を諸国民に継がせ　人の子ら
を分けられたとき　　イスラエルの人々の数に合わせて　そ
れぞれの民の境を設けられた。
七十人訳：いと高き方が、アダムの子らを散らされたように、
国々を分けられたとき、神の天使たちの数にしたがって、諸
民族の境を設けられた。[(11)]

　このように、初代教会の人々によって広く用いられていたギ
リシア語聖書によると、神は国々を天使たちの数にしたがって
分けられた、となっています。これはもろもろの民族を天使た
ちに割り振った、とも読めます。そして第二神殿期の代表的な
黙示文学である「第一エノク書」ではこの視点がさらに明確に
されています。

　そして主は七十人の羊飼いを招集し、彼らに羊を割り当て
た、彼らが羊を養うために。主は羊飼いたちとその眷属たち
に言われた、「お前たち各々は、今より後、羊たちを養い、私
が命じるすべてのことをしなさい。私はお前たちに正確な数
の羊を委ねるが、それらのうちの何匹を滅ぼすかをお前たち

（11）A New English Translation of the Septuagint (Edited by Albert Pietersma
　　and Benjamin G. Wright; Oxford: Oxford University Press, 2007) を著者
　　が邦訳しました。
（12）1 Enoch: The Hermeneia Translation (Trans. by George W. E. Nickelsburg
　　and James C.VanderKam; Minneapolis: Fortress Press, 2012) からの、著
　　者による邦訳。

に告げる。」そして主はそれらの羊を彼らに委ねた。[12]（第一エノク 89:59）

　「第一エノク」とは５つの独立した文書から成っていますが、上の引用は「夢幻の書」と呼ばれる文書からのものです。ここではイスラエルの歴史が動物たちの歴史として描かれていますが、ここに登場する七十人の「羊飼い」とは地上の諸国民を監督する守護天使たちだ、というのが学界の定説です。[13]彼らは、イスラエル民族を支配した地上の超大国を監督する天使たちなのです。こうした羊飼いたち（天使）は職権乱用して羊たち（神の民）を迫害し、その越権行為のゆえに神に裁かれる、という話の展開になっています。このように、天使たちが人間を支配している、というのはユダヤ黙示文学に特徴的な世界観なのです。人間と天使との関係を考えるために、帝国主義の時代のことで譬えてみましょう。かつて世界では、列強と呼ばれる国々が他の国々を植民地支配する歴史が長く続いていました。Ａ国とＢ国があって、Ａ国がＢ国を植民地支配している場合、Ａ国の個々の国民はＢ国の個々の国民より地位が上だということになります。ここでＡ国を「天使の国」、そしてＢ国を「人間の国」としましょう。そうすると冒頭の①の問い、なぜ御子が受肉によって天使より劣る者とされたのかが分かります。御子は受肉して「人間」になられたので、自動的にＢ国に所属することになり、そしてＢ国の国民であるがゆえにＡ国の国民（つまり天使）よりも劣る者とされたのです。

（13）Collins, 前掲同書、87

・人間と天使との関係の逆転

このように、ユダヤ黙示的世界観によれば、今の世は「天使たち」が人間の上に位置しています。だが、「来るべき世」においてはそうではないのです。ヘブライ書簡2章5節には次のように書かれています。

> 神は、私たちが語っている来るべき世界を、天使たちに従わせることはなさらなかったのです。

ここでは「来るべき世界」は天使たちが治めるのではない、ということが言われています。では、来るべき世界において、天使に代わって世界を治めるのは誰なのでしょうか？　その問いに答えるために、ヘブル書の記者は、七十人訳の詩編8篇を引用します。

> 人 (ἄνθρωπος) とは何者なのか
> あなたが心に留めてくださるとは。
> また、人の子 (ἡ υἱὸς ἀνθρώπου) とは何者なのか
> あなたが顧みてくださるとは。
> あなたは彼を僅かの間
> 天使たちよりも劣る者とし
> 栄光と誉れの冠を授け
> 万物をその足元に従わせられました。(2章6-8節)

ここでは人間一般について語られているのか、あるいはイエス・キリストについて語っているのか、という点について学者たちの間でも解釈が割れます。デイビッド・モーフィットは、最初の「人、アンスロポス（ἄνθρωπος）」は人間一般を指し、次の「人の子」を特定の the son of man、つまりイエスを指していると解しうると論じます。[14] したがって、「天使たちよりもわずかの間劣る者」とされたが、今や「万物を足元に従わせる」人物とはイエスだということです。

　けれども、それを聞いたこの手紙の受け手たちは疑問を感じたでしょう。ヘブライ人への手紙が送られた教会の信徒たちは厳しい迫害を経験していて、今にも心が折れそうな状態でした。[15] 自分たちの主であるイエスが既に万物を足元に従わせたのなら、なぜ自分たちは周囲の人々から迫害され、これほど辛い思いをしなければならないのか、と思わずにはおれなかったのです。したがって、

　　しかし、私たちはいまだに、万物がこの方に従っている状態
　　を見ていません。（2 章 8 節）

と告白せざるを得ないのです。しかし、ここで彼らは「イエス」に目を注ぎます。ここで、本書簡で初めて「御子」ではなく、

（14）この件の詳しい釈義については、David M. Moffitt, *Atonement and the Logic of Resurrection in the Epistle to the Hebrews* (Leiden: Brill 2013), 120-9 を参照。

（15）ヘブライ 12 章 3 － 12 節等を参照。

「イエス」という人間としての名前が登場することに注目しましょう。彼らは確かに苦しい苦難を経験していますが、人として歩まれたイエスもまた厳しい苦難を経験されたのです。だが今や、イエスは万物の上にまで高められ、栄光と誉れを受けています。天使たちさえも、今や彼に服しています。そしてこの方は、「多くの子たち」をも栄光へと導く、と言われています（2章10節）。現在苦難に遭っているキリスト者にとっては大いなる励ましです。ここで次の11節について考えてみましょう。

　　実際、聖とする方も、聖とされる人たちも、すべて一つの源（別訳「一人の人」[16] ἐξ ἑνὸς）から出ているのです。それゆえ、イエスは彼らをきょうだいと呼ぶことを恥としないで……。

　「聖とする方」とは今や万物の支配者となられたイエスであり、「聖とされる人たち」とはこのイエスを信じる者たちです。しかし次のエクスィー・ヘノス（ἐξ ἑνὸς）は、「一つの源」とも「一人の人」とも訳せます[17]。「一つの源」と訳す場合、「神」だと解釈されているのです[18]。では、「一人の人」の場合はどうかといえば、「アダム」または「アブラハム」（2章16節参照）が意図されているのだと思われます。どちらの解釈もあり得るのですが、

（16）新改訳2017では「一人の方」（別訳「一人の人」）と訳されています。

（17）ἑνὸς は男性名詞とも中性名詞とも取れます。

（18）この解釈が教父時代から有力でした。Peter T. O'Brien, *The Letter to the Hebrews* (Grand Rapids: Eerdmans 2010), 108-9 参照。

ここでは聖とする方であるイエスが、天使ではなく人間を兄弟姉妹と呼ぶことがポイントです。天使も人間も、どちらも神から出ているけれど、天使はアダムから出てはいません。しかし、御子は人間である以上、アダム、そして族長アブラハムを祖先としています。御子が天使ではなく人間と兄弟であるのは、どちらも人間の祖先から出たからです。したがって、ἐξ ἑνὸς という言葉は、「アダムから」あるいは「アブラハムから」と解するのが妥当でしょう。[19] イエスを信じる者はイエスと兄弟姉妹であるがゆえに、今の世では苦しみを受けていますが、来るべき世では共に栄光を受けます。来るべき世界を支配するのは天使ではなく、イエスと、彼に従う人類なのです。天使よりも人間が世界を治めるということは、そもそもの神の御心でした。ヘブライ書1章14節にはこう書かれています。

> 天使たちは皆、仕える霊であって、救いの相続者となる人々に奉仕するために (εἰς διακονίαν)、遣わされたのではありませんか。

天使たちは本来、人間たちに仕えるに神から遣わされたので

---

(19) アブラハムと取るものとして、John Dunnill, *Covenant and sacrifice in the Letter to the Hebrews* (Cambridge: Cambridge University Press 1992), 210-3 を参照。アダムと取る説については、Moffitt, 前掲同書、129-33.

(20) ここでいう「反逆の天使」は、新約聖書に登場する「悪霊」とは異なります。ユダヤ黙示文学における悪霊とは、地上を彷徨う悪しき霊であり、天使のように天上界に入ることは許されていません。

す。しかし、実際の歴史ではそうなってはいませんでした。一部の反逆の天使たちは人間を助けるよりも、むしろ人間を堕落させるような敵対的な行動を取ってきました。では、なぜ彼らは人間に敵意を持つのでしょうか？　聖書はその理由について語っていないけれど、反逆した天使長の罪とは高慢だった、ということが示唆されていることから考えると（イザ14章12－15節等を参照）、誇り高い天使は人間に仕えることをいさぎよしとしなかったのかもしれません。神に反逆する天使たち、その頂点にいる霊的存在がサタンとか悪魔などと呼ばれるのですが、彼らは人間の罪を契機として、世界の諸王国を支配してきたのです。[21]　そしてイエスはその状態から私たちを解放しました。次のヘブライ書2章14－15節の言葉は、そのような世界観から見ることで初めてよく理解できます。

　　そこで、子たちは皆、血と肉とを持っているので、イエスもまた同じように、これらのものをお持ちになりました。それは、ご自分の死によって、死の力を持つ者、つまり悪魔を無力にし、死の恐怖のために一生涯、奴隷となっていた人々を解放されるためでした。

　イエスは死を通じて悪魔の力を滅ぼしたのですが、その目的は人間を悪魔の支配から解放するためでした。この後に、御子

（21）サタンがイエスを誘惑した時、「この国々と一切の権力と栄華を　　　与えよう。それは私に任されていて、これと思う人に与えることが　　　できるからだ」と言ったことに注目されたい（ルカ福音書4章6節）。

は人間として天使たちよりも優れた方となったのですが、御子だけでなく、全人類の天使との関係も、この出来事を通じて根本的に変化しました。イエスを信じる者たちは、反逆の天使たちの隷属状態から解放されたからです。

　御子が高挙の時に天使たちよりも優れた者となられた、という事実を踏まえると、他の箇所の理解もより明確になってきます。そのような例として、1章6節を見てみましょう。

> また、神はその長子を再び世界に送るにあたって、こう言われます。「神の天使たちは皆、彼を礼拝せよ。」

　長子とは、私たち人類の長兄であるイエスのことです。では、神は長子をどの世界に送られたのでしょうか？　これは御子が父なる神によって地上世界に派遣されたことを指しているのではないか、と思われるかもしれません。しかし、先ほども見てきたように、御子は受肉した時には天使たちよりも劣る者となったので、天使たちに劣る者となった御子を天使たちが礼拝するというのは奇妙なことです。むしろ御子は、天に再び上げられた時に、天使たちよりも優れた方となったのです。モーフィットはこう論じます。

> 神がイエスを栄光と誉れの冠を与えられた時、イエスはアダムが失ったすべての栄光を再び得た最初の人間となった。御子は、すべてのものが服するべき第二のアダムとなられたので、彼が正当な権利を持つ嗣業の地に入り、彼に約束された

王座に就かれた時に、神はすべての天使たちに彼を礼拝するようにと命じたのである。[22]

イエスが天使たちよりも優れた方となったのは、高挙の時であることが確かめられました。では、イエスはどのような理由で天使たちより優れた方となったのでしょうか？

・「完全にされた」イエス

御子が天使よりも優れた方となられたのは、「罪のきよめ」を成し遂げたゆえだ、という解釈が成り立つかもしれません（1章3節）。けれども、御子が罪のきよめを成し遂げたことによって恩恵を受けるのは人間であって天使ではありません。したがって、その功績のゆえに御子がすべての人類の主となるということは分かるけれども、それがどのように天使との関係を変えることになったのか、という疑問が残ります。しかも、重要なことはイエスだけが天使たちより優れた方となったのではないことです。驚くべきことに、イエスは自分を信じる兄弟姉妹にも、その栄光の座を分け与えるからです（2章10節参照）。つまり、イエスの成し遂げたことによって、人類全体と天使との関係も変わり、来るべき世では天使ではなく、人間が世界を治めるようになるのです（2章5節参照）。一体どのようにして、人間はそのような栄誉に与ることができるのでしょうか。

この問いを考える際に注目したいのは、イエスが「完全にさ

（22）Moffitt, 前掲同書、142-3 [拙訳]

れた」と語られていることです。さらにはイエスだけでなく、イエスに従う人々も、イエスによって「完全にされる」と言われています(10章1節、14節)。ここでは同じ動詞テレイオー(τελειόω)が使われています。イエスが天使たちよりも優れた者とされたということと、イエスが「完全にされた」ということの間には深い関係があるようです。また、人類が天使に代わって来るべき世を治めるのも、「完全にされる」ことと大いに関係しているはずです。そこで、「完全にされる」ということはいかなる意味なのかを考察しましょう。まずは、イエスが完全にされたと語られている箇所を挙げます。

　　多くの子たちを栄光に導くために、彼らの救いの創始者を多くの苦しみを通して完全な者とされたのは (τελειῶσαι)、万物の存在の目的であり、また原因でもある神に、ふさわしいことであったのです。(2章10節)

　　キリストは御子であられるのに、お受けになった様々な苦しみによって従順を学び、完全な者とされ (τελειωθεὶς ἐγένετο)、ご自分に従うすべての人にとって永遠の救いの源となり、(5章8－9節)

　　律法は、弱さを持つ人間たちを大祭司に立てますが、律法の後から来た誓いのみことばは、永遠に完全な者とされた (τετελειωμένον) 御子を立てるのです。(7章28節)

では、キリストはどのような意味で「完全な者にされた」の
でしょうか。欠けの多い個々のキリスト者が完全にされる、と
いうのは分かるとしても、キリストはそもそも完全にされる必
要があったのでしょうか。完全にされたということは、その前
にはなにか欠けがあったということが暗示されます。しかし、ヘ
ブライ書簡の記者はイエスが罪を犯さなかったことを強調して
いるので（4章15節）、キリストが道徳的な意味で完全なもの
とされた、と解することには難があります。では、キリストは
どのような意味で完全な者とされたのでしょうか。[(23)]

　デイビッド・モーフィットはキリストが「完全にされる」と
いうことの意味について非常に興味深い議論を展開しています。
彼の見解を端的に言えば、「キリストが完全にされる」とは「死
のない完全なからだ、つまり復活のからだを得た」ということ
を意味しているのです。[(24)] もっとも、モーフィットは「完全にさ
れる」＝「復活」というように単純に理解しているわけではあ

---

(23) キリストが苦難を通じ、従順を学んで完全にされた（5:8-9）とい
　　う一節からは、キリストが人格的な円熟に達するために苦難が必要
　　だった、という見方も可能でしょう。Timothy Luckritz Marquis, 'Per-
　　fection Perfected: The Stoic "Self-Eluding Sage" and Moral Progress in
　　Hebrews', *NovT* 57 (2015) 参照。しかし、以下で論じるように、キリ
　　ストが完全にされたことと、永遠の大祭司になるための資格を獲得
　　した、ということの間には密接な関係があります。永遠の大祭司と
　　なるためには、人格的な円熟ですら不十分であるのは重要なポイン
　　トです。

(24) 以下では、David M. Moffitt, 前掲同書、ch. 3 の内容の要約を記すの
　　で、特に個々の引用はしません。

りません。「完全にされる」ということには他のニュアンスも含まれているけれど、「復活」こそがその中で最も重要な要素だと主張しているのです。

・大祭司イエス

ここで、「完全にされる」ということと非常に密接に関連したテーマであり、ヘブライ書簡のメイン・テーマでもある「大祭司イエス」ついて考察しましょう。7章28節では、キリストは「永遠に完全な者とされた」ために、「とこしえの大祭司」となることができた、ということが示唆されます。ヘブライ書簡は、イエスが大祭司であることを明確に提示している新約聖書唯一の書です。大祭司こそ、神と民の間の仲保者として神の民に罪の赦しをもたらす存在なので、イエスは正にそれに相応しいように思われるものの、そこには一つの問題がありました。それは、イエスがダビデの家系、王家の部族であるユダ族出身であり、祭司の家系であるレビ族には属していないことでした。レビ族ではないイエスがどうして大祭司になれるのか、というのがヘブライ書簡の重要なテーマの一つなのです。

> このように言われている方は、誰も祭壇の奉仕に携わったことのない別の部族に属しておられます。私たちの主がユダ族出身であることは明らかですが、この部族についてモーセは、祭司に関することを何も述べていないからです。
>
> （7章13－14節）

この問題を考える上で大切なのは、レビ族の祭司には誰一人「完全な者」はいなかったということです。誰一人完全でないとは、すべての人が罪を犯したと言う意味ではなく、すべての人は死すべき存在だったということなのです。そのことが書かれているのが 7 章 23 節です。

　　また、レビの系統の祭司たちの場合、死というものがあるので、いつまでも務めを続けることができず、大勢の人が祭司となりました。（7 章 23 節）

　レビ族の家系の大祭司は、死のゆえにとこしえの祭司には決してなれなかったのです。しかしこのことは、実は復活される前のイエスにも当てはまることでした。受肉された御子は、完全に人となったので、死すべきからだを持っていました。イエスが人間として完全に死んだ、ということは聖書が明確に証言しています（ロマ 6 章 10 節等を参照）。死すべきからだを持っていたがゆえに、復活前のイエスはとこしえの祭司となることはできず、復活によって完全にされて、朽ちないからだを得たことによって初めて、イエスはとこしえの祭司となることができたのです。死を帯びた人間は、地上の神殿でとこしえに務めを持つことができませんが、天の聖所においてはなおのことそうなのです。実に、神と人間との親しい交わりを損ねるものが二つあります。それは「罪」と「死」です。神は罪を嫌われますが、ある意味でそれ以上に死を嫌われます。神は生ける神であり、死んだ者の神ではないからです。レビ記 21 章 10 － 11 節を

読めば、神がどれほど死を嫌われるのかが分かります。

　　兄弟の中で、頭に油を注がれ、任職されて、祭服を着ける大
　　祭司は、髪を乱したり、衣服を裂いてはならない。いかなる
　　死者のもとにも行ってはならない。父親のためであれ、母親
　　のためであれ、汚れてはならない。

とあるように、大祭司は自分の父母の葬儀にも出ることは許さ
れていませんでした。死体に触れることで身に受ける「穢れ」
は「罪」とは同じではありませんが、どちらも神の聖性とは相
いれないものなのです。大祭司は神に最も近い人物であるがゆ
えに、最高度の聖性を保つことが求められていました。復活前
のイエスのからだは死すべき性質を持っていたがゆえに完全で
はなく、それゆえとこしえの大祭司になることはできなかった
のです。しかし、苦難を経て、復活者となった御子イエスは、今
や死を克服した完全なからだを身に帯びています。イエスはレ
ビ族出身ではないので、モーセの律法に従えば大祭司になるこ
とはできませんが、イエスはモーセの律法によらず、復活のか
らだ、朽ちることのないいのちを持つがゆえに天の聖所で大祭
司となることが可能となったのです。ヘブライ書簡7章16-7節
は、まさにこのことを語っています。

---

(25)「穢れ / 死すべき性質 (mortality) は、聖性 / 命とは正反対である。」
　　Roy Gane, *Leviticus, Numbers* (Grand Rapids: Zondervan, 2004), 227. [拙
　　訳].

この方は、肉の戒めの律法によらず、

　朽ちることのない命の力によって祭司となられたのです。

　こう証しされています。

　「あなたこそ永遠に

　メルキゼデクに連なる祭司である。」

　旧約聖書には、レビ族出身の祭司の他に、メルキゼデクと呼ばれる祭司が登場します（創14章18 − 20節）。彼はレビの父祖であるアブラハムを祝福しているので、レビよりも大いなる者です。メルキゼデクがなぜこれほど偉大な祭司なのかと言えば、彼が「命の終わりのない者」、つまり不死の存在だったからです。[26] 復活後のイエスもまた、からだを持ちながらも「常に生きている」、不死の存在となりました（7章25節）。それゆえ復活して朽ちないからだを得たイエスも、メルキゼデクのようなとこしえの祭司とされたのです。「キリストが完全にされた」ということの中心的な意味は、キリストが復活されたことを指している、というのがモーフィットのテーゼです。キリストがとこしえの大祭司とされたのは、完全な者とされた、つまり復活の朽ちないからだを得たゆえなのです。

（26）では、「メルキゼデク」とは一体何者なのか、という疑問が浮かぶでしょう。メルキゼデクは「祭司」であるとは言われていても、「大祭司」だとは言われていないことは注目されます。第二神殿期におけるメルキゼデク理解の研究については、Fred L. Horton, *The Melchizedek Tradition: A Critical Examination of the Sources to the First Century A.D. and in the Epistle to the Hebrews* (Cambridge: Cambridge University Press 1976) を参照。

・信仰者が「完全にされる」こと

　このように、イエスが完全されるとは、死者の中からの復活を指していると考えられます。他方で、ヘブライ書簡ではキリストを信じる者たちが「完全にされる」ことも重要なテーマとして語られます。次の二つの節は、本書簡の中核的な内容だと言えます。

　　律法には、やがて来る良いことの影があるばかりで、そのものの実体はありません。ですから、年ごとに絶えず献げられる同じいけにえによって、神に近づく人たちを完全な者にする (τελειῶσαι) ことはできないのです。（10 章 1 節）

　　実に、キリストは唯一の献げ物によって、聖なる者とされた人たちを永遠に完全な者としてくださった (τετελείωκεν) のです。（10 章 14 節）

　ヘブライ書簡の大きなテーマは「旧い契約」と「新しい契約」との対比です。新しい契約において、キリストという唯一無二の献げ物によって信仰者が完全にされます。では、信仰者が完全にされるとはどういう意味なのでしょうか？信仰者の良心が罪から清められて完全にされるという意味もあるでしょうが（9 章 9 節）、キリストの場合のように、それはからだのよみがえりをも指し示しているのでしょうか？この点に関しては、特に 11 章 39-40 節が重要です。

この人たちは皆、信仰によって神に認められながらも、約束のものを手に入れませんでした。神は、私たちのために、さらにまさったものをあらかじめ用意しておられたので、私たちを抜きにして、彼らが完全な者とされることはなかったのです。

　ここではノア、アブラハム、モーセなどの旧約時代の信仰の英雄たちのことが語られています。彼らは「約束のもの」、「さらにまさったもの」、あるいは「完全な者とされること」を手に入れられなかった、と言われています。では、これらのことは具体的には何を指しているのでしょうか。その答えは11章35節に書かれています。「さらにまさった復活、クレイトノス・アナスタセオース（κρείττονος ἀναστάσεως）」です。旧約時代には、エリヤやエリシャを通じて女たちの子どもがよみがえりました（王上17章17–24節；王下4章31–17節）。けれども、彼らはいずれ死んでいったのです。なぜなら朽ちない体に復活したのではなかったからです。したがって、「さらにまさった復活」とは朽ちないからだへの復活なのです。旧約時代の聖徒たちが待ち望んで得られなかったもの、そして今やキリストによって可能となったこと、それは完全な者とされること、朽ちることのない復活のからだをいただくことなのです。

・キリスト者の希望
　まとめとして、本章の始めに挙げた②の質問について考えて

みましょう。なぜ御子は、高挙の時に天使たちよりも優れた者とされたのでしょうか？それは、御子が死を克服したからだを持った人間だったからです。これは極めて大切なポイントなのです。イエスは高挙の際に、受肉前の霊の姿に戻って、人間であることを止められたのではありません。高挙の時も、またその後も、御子は永遠に人間のままなのです。復活者であるイエスは、人間でありながら天使たちと同じく不死の存在であり、また天使たちとは違ってからだを持っています。しかも、そのからだは死を克服したからだです。イエスが高挙の後に天使たちよりも優れた方となり、とこしえの大祭司とされたのは、まさに不死のからだを備えた人間だったからです。「来るべき世」を治めるのは、からだを持たない天使ではなく、復活された人間イエスなのです。

　そして、キリストを信じる者たちも「完全にされる」という希望を持っています。キリスト者が完全にされるとは、その良心が罪から完全に清められることだけでなく、死を完全に克服した復活のからだをいただくことです。このように不死のからだを備えた人間こそが、「来るべき世」を治めるのです。イエスはまさにすべてのキリスト者の初穂、先駆けとして (6章20節)、復活のからだを備えた最初の人間となったのです。

　このように考えてくると、ヘブライ書簡がプラトン的な霊肉二元論に基づいているとは思えなくなります。むしろ、ヘブライ書簡はヨハネ黙示録と並んで、もっともユダヤ黙示思想の世界観を反映した書だと言えるでしょう。

リチャード・ボウカム氏の古希記念出版「人生を聖書と共に」の贈呈式。
東京基督教大学のチャペルにて、中央は故小林高徳学長。

第19章
「神の王国」とヨハネ黙示録
リチャード・ボウカム

・ヨハネ黙示録において新たに啓示された内容とは何か?

　新約聖書の最後を飾る書、ヨハネ黙示録において「神の王国」
はとても重要なテーマです。11章15節は、そのことを端的に
示しています。

> さて、第七の天使がラッパを吹いた。すると、さまざまな大
> きな声が天に起こって、こう言った。
> 　「この世の国は、私たちの主と
> 　そのメシアのものとなった。
> 　主は世々限りなく支配される。」

「神の王国」の究極の姿とは、この地上世界のすべての王国が
世々限りなく神の支配に服することだとするならば、この一節
はまさに神の王国の完成を告げています。つまり、ヨハネ黙示
録とは神の支配が地上において完成するまでの世界の歴史を、
様々なヴィジョンを通じて描いている書なのです。では、ヨハ
ネ黙示録によれば、一体どのようにして神の支配が全世界に及
ぶのでしょうか?　ヨハネ黙示録の第一級の研究者であるリ

チャード・ボウカム（Richard Bauckham, 1946 〜）は、神の支配がどのようにして諸国民に受け入れられるのか、そのプロセスこそが、「イエス・キリストの啓示[1]」として読者に伝えられる、と論じます。

　「啓示」とは、これまで人間に隠されてきた真理が、神によって明らかにされることです。旧約聖書において一般的な啓示の流れは、

**　　　神→預言者→イスラエル**

となるのですが（アモ3章7節等を参照）、ヨハネ黙示録においてはもっと複雑な流れになります。ヨハネ黙示録冒頭の1章1節によれば、

**　　　神→イエス→天使→ヨハネ→教会**

という流れになっています。この流れを通じて、神はこれまで隠されてきた真理を教会に伝えてようとしています。では、その啓示された内容、中身はどんなものなのでしょうか？　この問いこそ、ヨハネ黙示録を理解するための鍵となります。ボウカムは、イエス・キリストの啓示によって明らかにされたのは、「諸国民の回心」がどのようにして実現するのか、ということなのだと論じています。なぜそう言えるのか、黙示録そのものを

---

(1) 本書冒頭の、アポカルプスィス・イエスウ・クリストウ（Ἀποκάλυψις Ἰησοῦ Χριστου）は「イエス・キリストの啓示」と訳しました。

じっくりと読み解いていきましょう。

　ボウカムによれば、「イエス・キリストの啓示」の中身は、ヨハネ黙示録５章に登場する「巻物」の中に書かれています。

> 　また私は、玉座におられる方の右の手に巻物を見た。その表と裏に文字が記されており、七つの封印がしてあった。また一人の力ある天使が、「封印を解いて、この巻物を開くのにふさわしい者は誰か」と大声で叫んでいるのを見た。しかし、天にも地にも地の下にも、この巻物を開き、見ることのできる者は誰もいなかった。この巻物を開くにも、見るにも、ふさわしい者が誰一人見つからなかったので、私は激しく泣き出した。すると、長老の一人が私に言った。「泣くな。見よ、ユダ族の獅子、ダビデのひこばえが勝利を得たので、七つの封印を解き、この巻物を開くことができる。」
>
> （ヨハ黙５章１−５節）

　ヨハネ黙示録で新たに啓示される真理は、神の右の手の中にある「巻物」に書かれています。けれども、その巻物には七つの封印がしてあり、その中身を読むことができません。しかし、ダビデのひこばえであるイエスが勝利を得て、その封印を解くのに相応しい人物だとされました。そこで巻物は、神から子羊たるイエスに手渡されます。冒頭１章１節にあるように、神は啓示をイエスに渡し、それからイエスは、巻物の封印を一つずつ解いていきます。

　ここで注意したいのは、ヨハネ黙示録６章から８章までには、

封印が一つ解かれるたびに恐ろしい災いが起きることが描かれていますが、それらの災いそのものが巻物の内容ではない、ということです。ボウカムはこう指摘します。

> 多くの人は、巻物の中身は子羊が巻物の封印を解くごとに順次明らかにされると考えている（6章1節－8章1節）。だが、そのようなことが起きるとするならば、それは非常に奇妙な巻物だということになる。なぜなら、通常はすべての封印が解かれない限り、巻物を開くことはできないからだ。[2]

　この点はとても大切です。ヨハネ黙示録において、巻物を通じて啓示される内容は、この世界を襲う様々な災いではありません。もちろん、神の裁きとして地に下る災いは黙示録における重要なテーマですが、それ自体が巻物を通じて新たに教会に伝えられようとしている内容ではないのです。では、この巻物が教会に伝えようとしているメッセージとは何か？　それを知るために、この巻物の内容についてさらに考えていきましょう。

・巻物の中身はいつ明らかにされるのか？

　ヨハネ黙示録に登場する巻物の内容がいつ明かされたのかを知るために、ここで旧約聖書を参照しましょう。旧約聖書でも、預言者エゼキエルは巻物を渡されます。次の一文は、エゼキエルの召命に続く出来事を描いています。

---

(2) Richard Bauckham, *The Climax of Prophecy* (London: T & T Clark, 1993), 249-50 [拙訳]

「人の子よ、あなたは私が語ることを聞きなさい。反逆の家のように逆らってはならない。口を開け、私が与えるものを食べなさい。」私が見ていると、手が私に差し伸べられており、その手には巻物があった。彼が私の前でそれを広げると、そこには表にも裏にも文字が書かれていた。書かれていたのは、哀歌と呻きと嘆きであった。主は私に言われた。「人の子よ、あなたが見つけたものを食べなさい。この巻物を食べ、行って、イスラエルの家に語りなさい。」私が口を開けると、主は私にその巻物を食べさせ、言われた。「人の子よ、私が与えるこの巻物を食べ、それで腹を満たしなさい。」私がそれを食べると、口の中で蜜のように甘かった。

（エゼ2章8節－3章3節）

　エゼキエル書の場合、巻物には封印がなされておらず、すでに開かれていたので、ヨハネ黙示録6－8章のような、封印を解くための手続きは必要ありませんでした。それでも、エゼキエルは巻物を渡されただけでは預言をすることができませんでした。それを食べることで初めて、預言の務めを果たすことができたのです。

　同じことはヨハネ黙示録にも当てはまります。ヨハネもまた、預言をするために巻物を食べなければならないのです。さて、ここで小羊イエスによって封印を解かれた巻物がどのようにしてヨハネに与えられたのかを確認しましょう。ヨハネはイエスから直接巻物を手渡されませんでした。そのような記述はどこに

もありません。では、ヨハネに巻物を渡したのは誰でしょうか？それは力強い天使です（10章1、9節）。したがって、イエスは巻物をその力強い天使に渡しているはずです。ヨハネ黙示録の冒頭が示唆するように、啓示の伝達経路は、イエス→天使→ヨハネ、という順になるからです。封印が全て解かれた巻物をイエスが天使に渡す場面は描かれていないものの、巻物を渡された天使が10章1節に登場する「もう一人の強い御使い」であることが、以下の文から推測できます。

> また私は、もう一人の力強い天使が雲を身にまとい、天から降って来るのを見た。頭には虹を戴き、顔は太陽のようで、足は火の柱のようであり、手には開かれた小さな巻物を持っていた。（ヨハ黙10章1－2節）

　天使が持っていた巻物が開かれていたことに注目しましょう。なぜなら8章1節で、すでに子羊が最後の七つ目の封印を解いているからです。この力強い天使はイエスから、その開かれた巻物を受け取ったのです。そして天使は、この巻物をヨハネに渡したのです。

> すると、天から聞こえたあの声が、再び私に語りかけて言った。「さあ行って、海と地の上に立っている天使の手にある、開かれた巻物を受け取りなさい。」そこで、天使のところへ

---

(3) ヨハネ黙示録5章の巻物と10章の巻物が同一のものであることについての詳細な論考は、Bauckham, 前掲同書、243-257 を参照。

行き、「その小さな巻物をください」と言った。すると、天
使は私に言った。「それを取って食べなさい。それは、あな
たの腹には苦いが、口には蜜のように甘い。」そこで私は、そ
の小さな巻物を天使の手から受け取り、すべて食べた。それ
は、口には蜜のように甘かったが、食べると腹には苦かった。

(ヨハ黙 10 章 8 － 10 節)

　エゼキエルは巻物を食べた後に巻物の内容を預言すること
ができたように、ヨハネもまた、巻物を食べて初めてその内容を
預言することができるようになりました。巻物を食べた後に、ヨ
ハネが「あなたは、もう一度、多くの民族、国民、言葉の違う
民、また、王たちについて預言しなければならない。」と命じら
れていることに注意しましょう(ヨハ黙 10 章 11 節)。「もう一度」
と言われているのは、ヨハネ黙示録 2 － 3 章においてイエスか
ら七つの教会に宛てられたことばを、ヨハネは預言として伝え
ているからです。だが、この諸教会へ伝えられた内容は、巻物
の中身ではありません。ヨハネ黙示録における最も大切な啓示、
巻物の中身は、ヨハネが巻物を食べた後に示されるのです。そ
れはすなわち、ヨハネ黙示録の 11 章に記されている内容なので
す。

・ヨハネ黙示録 4 章から 10 章まで

　ここまで、ヨハネ黙示録において啓示される「イエス・キリ
ストの啓示」は巻物の中に書かれており、その中身が初めて明
らかにされるのはヨハネ黙示録 11 章においてである、というこ

とを示してきました。つまり、ヨハネ黙示録の中心は 11 章にあります。その 11 章を見る前に、ヨハネ黙示録でこれまで何が論じられてきたのかを考えてみましょう。そうすることで、11 章の持つ意味がより明確になるからです。

(1) 4 章では、天においては神の完全な支配がなされていることが明らかにされます。したがって、「巻物」は地においても神の御心がなされ、神の支配がすべての領域で確立すること、言い換えれば神の王国の完成をその内容としているに違いないのです。

(2) 教会は、既に地において打ち立てられた神の支配を証しする存在であるので、地上にあまねく神の支配が確立されるために重要な役割を果たすでしょう。

(3) 7 章では、教会が殉教を通じて小羊の勝利に与っている様が描かれています。「巻物」には、教会がどのように子羊の勝利に参与していくのか、それについてのより詳しい内容が書かれているものと思われます。

(4) 巻物の封印が解かれていく中で、二つの一連の裁き、すなわち封印の裁きとラッパの裁きとが地上に下ります。これらの裁きは人類を悔い改めに導くことを目的としていますが、そのような効果をもたらさなかったことが 9 章 20-21 節で明らかになります。災いを受けた人々は偶像礼拝を続け、その行いを悔い改めませんでした。「裁きは世界を悔い改めと神の信仰へと導くことに失敗したが、巻物はそれを実現するためのより効果的な戦略を明らかにす

るであろう。(4)」

　このように、11章に至るまでのヨハネ黙示録の文脈を確認すると、「巻物」の中身とは神の王国の到来のために教会が果たすべき役割についてなのだ、ということが強く示唆されています。ボウカムは次のように論じます。

　　裁きだけでは諸国民を悔い改めに導くことに失敗してきたところに、教会の苦難の証しが裁きに伴うことで、この目的が実現していくのである。したがって、神の王国は教会を救出し、諸国民に裁きが下るだけで来るのではなく、何よりも教会の証しの結果、諸国民が悔い改めることによって来るのである。子羊の勝利は、教会を諸国民から贖い出すという最初の結果をもたらしたが、それは諸国民を悔い改めと真の神の礼拝へと導くことを目的としている。この目的は、子羊に従う者たちが苦難の証しを通じて子羊の勝利に参与することで、実現するのである。これこそが、巻物が啓示する内容である。(5)

　ここで、いよいよヨハネ黙示録11章を見ていきましょう。

---

(4) 前掲書、258［拙訳］　なお、（1）から（4）は258－259頁の要約です。

(5) 前掲書、258［拙訳］

・「二人の証人」

ヨハネ黙示録 11 章には「聖所」のヴィジョン（11 章 1 - 2 節）と「二人の証人」のヴィジョン（11 章 3 - 13 節）の二つが含まれていますが、ここではより重要な後者のヴィジョンを詳しく考察します。まずはボウカム自身の解説を引用しましょう。

> この二人の証人のストーリーは、終わりが到来する前の最後の時代における教会の預言者的証言が、過去の預言が成し遂げられなかった結果をどのようにして達成するのかを示している。その結果とは、唯一の真の神への礼拝へと諸国民を回心させることである。旧約聖書の預言者たちは、すべての国民がついには神の支配を認めるようになり、神を礼拝するようになることを予見していた（黙示録の後半の箇所には、そのような預言へのいくつかの言及がある）。しかし、彼らの預言そのものは、諸国民を信仰へとは至らせなかったし、またどのようにしてそれが実現するのかを予見することもなかった。巻物の役割とは、それがどのように実現するのかを啓示することにあった。[6]

つまり、この巻き物の目的は、諸国民が神の支配をどのようにして認め、受け入れるようになるのかを示すことにあるのです。これを現代風に言えば、<u>どのようにすれば世界宣教が成功するのか</u>、その道筋を示しているのが巻物だということです。この「二人の証人」のヴィジョンは、奇妙なイメージで溢れて

(6) 前掲書、274 ［拙訳］

いる黙示録の中でもとりわけ摩訶不思議な部分です。そのため、まずこのヴィジョンをどう解釈すべきか、その方法論を明確にする必要があります。黙示録における解釈は、すべからく字義通りでなければならないと考える解釈者は、このふたりの証人についても字義通りに解釈しようとします。すなわち、過去の歴史の舞台に登場した、あるいはこれから登場するであろう二人の人物を指していると考えるのです。けれども、「口から火が出る人間」など存在するのでしょうか。ヨハネ黙示録の内容が紀元1世紀のローマによるエルサレム包囲と神殿の崩壊を指すと解する人々は、この箇所の解釈に非常な困難を覚えるでしょう。なぜなら、紀元66年から70年にかけてのユダヤ戦争において、「口から火を出す」人物がいたなどという記録はどこにもないからです。また、これがキリスト再臨直前のいわゆる艱難時代の出来事を指すと解する人たちも、この「口から火を吐く」人物がこれからエルサレムに登場すると考えなければならなくなります。しかし、あらゆる奇跡を行ったイエスでさえ、こんなことをしたという記録はありません。この二人を文字通りの歴史上の人物であると考えるのは極めて困難なのです。では、彼らは誰なのでしょうか。もしくは、彼らは何を表象しているのでしょうか？　そのカギは、黙示録1章20節にあります。「七つの燭台 (αἱ λυχνίαι αἱ ἑπτα) は七つの教会である」という一文です。燭台は教会を表象しています。したがって、11章4節の「彼らは……二つの燭台 (δύο λυχνίαι) である」ということの意味は、この二人の人物は教会を表しているということです。ではなぜ七つが二人になったのかと言えば、七は完全数であり、七つの燭

台は完全な教会、全教会を象徴するのに対し、二は証言に必要な数、つまり聖書では「二人または三人の証人の証言によって、すべてのことは立証されなければなりません」という聖書の原則に従って、二人の証人となっているのです（Ⅱコリ13章1節）[7]。ではその前の「二本のオリーブの木」とは何かといえば、それはゼカリヤ書4章のイメージから取られています。黙示録はダニエル書やエゼキエル書と並んでゼカリヤ書からのイメージも多用しています。二本のオリーブの木は金の燭台の左右に配されており（ゼカ4章11節）、このオリーブの木は「全地の主のそばに立つ、二人の油注がれた者だ」と解説されていますが（ゼカ4章14節）、ヨハネはこのオリーブの木のイメージも教会を表象するものとして用いているのです。

　この二人の証人が、世界に対して神を証しする教会を表わすという前提で、さらにこのヴィジョンを考察してみましょう。彼らは「千二百六十日間」証しをする、とありますが、この日数を一か月30日で割れば、四十二か月、つまり三年半になります。この三年半という期間は黙示録に何度も登場しますが（11章2、3節；12章6、14節；13章1節）、それを文字通りの三年半という長さとして捉えるべきではありません。例えば12章では、メシアを産んだ女が、メシアが昇天した後に蛇から追われ、荒野で三年半かくまわれた、と書かれていますが、これを文字通りにとれば、メシアであるイエスの母マリアは、キリストの昇天後にエルサレムを後にして荒野で三年半の間、蛇（サタン）の攻撃から守られた、という意味になってしまいます。しかしそのよ

（7）前掲書、274

うな歴史的事実はありません。むしろ、「女」も「三年半」も文字通りの意味ではなく、象徴表現なのです。メシアを産みだした「女」とは神の民、すなわち旧約の民イスラエルと新約の教会を表象し、この話そのものは教会がサタンの攻撃から守られることを「たとえ」の形で語っています。そしてこの「三年半」は、神を冒瀆する「獣」の活動期間でもあるのですが（13章5節）、この獣も特定の人物を指すのではなく、歴史の中で繰り返し登場する反キリスト的な人物や国家を表象していると考えられます。つまり、「三年半」とは教会が世界に証しをする期間、同時に神に敵対する勢力が猛威を振るう期間、さらにはそのような悪の力から教会が守られる期間を象徴的に表していて、キリストの初臨から神の王国の完成までの全ての期間を指しているのです。したがって、この「二人の証人」のストーリーは、ある特定の歴史上の出来事のことを語っているのではありません。むしろ、教会の歴史の中で何度も繰り返される出来事を「たとえ」の形で語っているのです。このことは、二人の証人の描写からも確認できます。

　この二人は、預言をしている期間、雨が降らないように天を閉じる権威を持っている。また、水を血に変える権威、さらに、思うままに何度でも、あらゆる災害で地を打つ権威を持っている。（ヨハ黙11章6節）

　ここで描かれている二人の描写は、明らかに旧約の大預言者、モーセとエリヤを思い起こさせます。ルカ福音書4章25節やヤ

コブの手紙5章17節（エリヤは、私たちと同じ人間でしたが、雨が降らないようにと熱心に祈ると、三年六か月にわたって地上に雨が降りませんでした。）には、エリヤが三年半の間、雨が降らないように天を閉じたとあります。また、水を血に変えるというのは明らかに出エジプトの際にファラオの家に下された十の災いの内の最初のものを指しています。しかし、だからといってこの二人がモーセとエリヤの再来だ、ということにはなりません。なぜなら一人が天を閉じ、もう一人が水を血に変えた、と言われているのではなく、この二人は二人ともどちらの災いを下すことができた、と書かれているからです。ところで、なぜモーセとエリヤという二人の人物が旧約の多くの預言者の中から選び出され、なぜモーセとエレミヤ、あるいはイザヤとエゼキエルなどの組み合わせではないのでしょうか。その理由は、この二人が背教のイスラエル人に遣わされた預言者というよりも、異教の神々との対決という使命を帯びた預言者たちだったからです[8]。預言者は神から離れていく契約の民に警告を発するために遣わされることもありますが、モーセの場合はエジプトの神々と、エリヤの場合はバアルと戦うという使命がありました。それと同じように、二人の証人である教会も、異教の神々を拝む「多くの民族、国民、言語、王たち」に預言をしなければなりません。教会は、旧約の預言者であるモーセやエリヤのように、神の権威によって預言者として子羊の勝利を証しする使命を帯びているからです。

だが、「二人が証言を終えると、底知れぬ所から上って来る獣が、彼らと戦って勝ち、彼らを殺してしまう」とあります（11

(8) ibid., 276-7.

章7節）。ここが黙示録の重要なテーマなのですが、神の聖徒た
ち、教会に対して「獣」と呼ばれる悪の勢力は勝つのです。あ
るいは勝ったように見えるのです。獣についてさらに詳しく述
べている13章7節にはこう書かれています。

　　獣は、聖徒たちに戦いを挑んで打ち勝つことが許された。ま
　　た、あらゆる部族、民族、言語、国民を支配する権威が与え
　　られた。

　ここで考えるべきことは、教会の証しの意味、召命の意味で
す。教会の召命とはキリスト教を迫害する支配者たちに戦争や
革命を挑んで彼らに打ち勝つことではなく、かえって負けるこ
とにあるのです。つまり、主イエスのように武器よりも十字架
の道を選ぶということです。
　獣に殺された二人の証人の死体は「大きな都」にさらされる
とありますが、この都とはどこだろう、と考えるのも的外れで
す。それはソドムのようでもあり、エジプトのようでもあり、エ
ルサレムのようでもあり、またローマのようでもあるのです。エ
ルサレムでは主イエスを初め、主の兄弟ヤコブを含む多くのキ
リスト者が殺され、ローマでも使徒ペトロやパウロを初め、無
数のキリスト者がローマ帝国によって無残に殺害されました。
また、ソドムやエジプトのように神に逆らう大都市も、多くの
キリスト者を迫害し、殺してきました。ここ日本でも、ザビエ
ルの来日以降に多くのキリスト教徒が殉教の死を遂げました、
遠藤周作の小説「沈黙」に描かれているように。ここでは「も

ろもろの民族、部族、言語、国民に属する人々」というフレーズが出てきますが（11章9節）、それが示唆するのは、ここに描かれている出来事は全世界的なスケールで考えるべきだということです。教会の証しと殉教は、世界中の人々によって目撃されます。人々は教会が滅びるのを見て喜びます。それはキリスト教徒が自分たちの罪深さを思い起こさせるからです。

　しかし、彼らの目の前で三日半の後に、二人の証人は復活し、昇天します。この復活や昇天についても、象徴的に解するべきでしょう。すなわち、迫害によって絶滅しかかった教会が復活することを示しているということです。すべての聖徒はキリストの再臨の際に復活するとされていますが（Ⅱコリ15章23節、Ⅰテサ4章16節）、この「二人の証人」のヴィジョンそのものはそのことを指しているのではなく、これまでの歴史の中で教会は何度も絶滅しかかり、そのたびに復活してきたことを指し示しているのでしょう。むしろここでのポイントは、教会はイエスの足跡に倣う、ということにあります。教会はイエスのように宣教し、イエスのように殺され、イエスのように神によってよみがえらされて、そしてイエスのように栄光を与えられるのです。

　しかし、さらに重要なのはこの一連の出来事によって生まれる結果です。キリストの死と復活という出来事によって世界宣教が始まり、その宣教が成功裏に進んでいったように、教会の迫害と復活劇によって世界宣教がさらに前進し、そして完成するのです。

　二人の証人の復活、昇天に続いて神の裁きが下りますが、そ

れは極めて限定的です。「都の十分の一が倒れた」とありますが、これまでの封印の裁きによる「四分の一」の破壊（6章8節）、あるいはラッパの裁きによる「三分の一」の損壊（8章7-12節）と比べても軽く、16章18節に出てくる究極の裁き、第七の鉢による壊滅的な地震と比べれば明らかに軽微です。ボウカムはこれについて、ヨハネは「残りの者」のイメージを逆転させているのだ、と指摘します。アモス5章3節では、神は十分の九を裁き、十分の一だけを残す、ということが語られています。イザヤ書6章12節にも似たような表現があります。しかしこの黙示録の箇所では十分の一だけが裁かれて、十分の九は助かっているのです。また、「この地震のために七千人が死んだ」という下りも、「残りの者」のイメージを逆転させている、とボウカムは指摘します。神はエリヤに「わたしはイスラエルの中に七千人を残している」と語りましたが（王上19章18節）、それはエリヤの時代には七千人を除く全てのイスラエルは神の裁きの下にあった、ということでした。しかし、この黙示録のケースでは七千人だけが裁かれています。ほかの多くの人々は裁きを免れ、彼らには悔い改めと回心の余地が残されているのです。

　そして驚くべきことに、「残った人々は恐れを抱き、天の神に栄光を帰した」とあります（11章13節）。ここで使われている言葉は14章7節にある言葉、「神に栄光を帰せよ」と全く同じ言葉で、真の神への礼拝を指す言葉です。なんと、この地震を生き残った人々は真の信仰に目覚め、神を礼拝するようになったのです。ヨハネ黙示録では、裁きの度合いは「四分の一」→「三分の一」→「全部」というように徐々に激しさを増していきま

す。なぜかと言えば、それは神が忍耐をもって人々が悔い改めるのを待っておられるからです。それでも、裁きだけでは一向に悔い改めが起こりません。しかし、二人の証人の預言者的働き、その死と復活を目撃した後の人々の裁きへの応答は全く違っています。「残った人々は恐れを抱き、天の神に栄光を帰した」のです。

　ヨハネに与えられた巻物が啓示した真の内容とは、どうすれば諸国民が悔い改めと信仰へと導かれるのか、ということなのですが、それは裁きだけでは達成されずに、教会の真の証し、「死に至るまで忠実な」教会の証しがあって初めて裁きはその真の目的、つまり諸国民を回心に導くことが出来る、ということなのです。これこそが、ヨハネ黙示録の啓示の真の内容、啓示のクライマックスなのです。

参考文献

・第一部

Perrin, Norman 1963, *The Kingdom of God in the Teaching of Jesus.* Philadelphia, PA: Westminster Press.

・第二部

Bultmann, Rudolf., et al. 1953, *Kerygma and Myth,* vol. 1. Translated by Reginald H. Fuller: London: SPCK.［ドイツ語原著の出版は 1941 年］

Bultmann, Rudolf 1958, Jesus Christ and Mythology. New York: Charles Scribner's Sons.

Cullamnn, Oscar 1964 *Christ and Time: The Primitive Christian Conception of Time and History.* Revised edition. Translated by Floyd V. Filson: Philadelphia: The Westminster Press.［ドイツ語原著の出版は 1946 年、日本語訳は O. クルマン『キリストと時』（前田護郎訳、岩波書店、1954 年）］

Dalman, Gustaf 1902, *The Words of Jesus considered in the light of post-biblical Jewish writings and the Aramaic language.* Translated by D. M. Kay: Edinburgh: T & T Clark.［ドイツ語原著の出版は 1898 年］

Ritschl, Albrecht 1870-1874. *Die christliche Lehre von der Rechtfertigung und Versöhnung.* 3 Bände, Bonn: Marcus.

Schleiermacher, Friedrich 1999, *The Christian Faith.* Edited by H. R. Mackintosh and J. S. Stewart: Edinburgh: T & T Clark.［ドイツ語原著の出版は 1830 年］

Schweitzer, Albert 1914 *The Mystery of the Kingdom of God: The Secret of Jesus' Messiahship and Passion.* Translated by Walter Lowrie: New York: Dodd, Mead and Company.［日本語訳はシュヴァイツェル『イエスの生涯 ── メシアと受難の秘密 ──』波木居齊二訳、岩波書店、1957 年］

Weiss, Johannes 1971 *Jesus' Proclamation of the Kingdom of God.* Translated by Richard Hiers and Larrimore Holland: Minneapolis: Fortress.［ドイツ語原著の出版は 1892 年］

・第三部

Beasley-Murray, George R. 1993. *Jesus and the Last Days: The Interpretation of the Olive Discourse*. Peabody, MA: Hendrickson.

Borg, Marcus J. 1984. *Conflict, Holiness, and Politics in the Teaching of Jesus*. Harrisburg, PA: Trinity Press International.

Caird, George. 1965. *Jesus and the Jewish Nation*. London: Athlone Press.

Caird, George 1980. *The Language and Imagery of the Bible*. Philadelphia: Westminster Press.

Dodd, C. H. 1961, *The Parables of the Kingdom*. Rev ed., New York: Charles Scribner's Sons. ［日本語訳は C. H. ドッド『神の国の譬』室野玄一・木下順治訳、日本キリスト教団出版局、1964 年］

Dodd, C. H. 1970, *The Foundation of Christianity*. New York: The Macmillan Company. ［日本語訳は C. H. ドッド『イエス』八田正光訳、ヨルダン社、1971 年］

France, R. T. 1990. *Divine Government: God's Kingship in the Gospel of Mark*. Vancouver, Regent College Publishing.

Gould, Ezra P. 1896. *Critical and Exegetical Commentary on the Gospel according to St. Mark*. Edinburgh: T. & T. Clark.

Grabbe, Lester L. 'The Seventy-Weeks Prophecy (Daniel 9:24-27) in early Jewish Interpretation' in *The Quest for Context and Meaning: Studies in Biblical Intertextuality in Honor of James A. Sanders*. 1977. Edited by Craig A. Evans and Shemaryahu Talmon: Leiden: Brill.

Horsley, Richard A. 2001. *Hearing the Whole Story: The Politics of Plot in Mark's Gospel*. Louisville, KY: Westminster John Knox.

Horsley, Richard A. 2003. *Jesus and Empire: The Kingdom of God and the New World Disorder*. Minneapolis: Fortress Press.

Koch, Klaus. 1972. *The Rediscovery of Apocalyptic*. Translated by Margaret Kohl: London: SCM ［日本語訳はクラウス・コッホ『黙示文学の探求』（北博訳、日本基督教団出版局、1998 年）］

Russell, J. R. 1887. *The Parousia*. 2nd ed., London: T. Fisher Unwin.

Wright, N. T. 1996. *Jesus and the Victory of God*. Minneapolis: Fortress.

チャールズワース、J. H.『これだけは知っておきたい史的イエス』中野
　実訳、教文館、2012 年
ボーグ、マーカス『イエス・ルネサンス』小河陽監訳、教文館、1997
　年
弓削 達『ローマ皇帝礼拝とキリスト教徒迫害』日本基督教団出版局、
　1984 年
ライト、N. T.『新約聖書と神の民（上巻）』山口希生訳、新教出版社、
　2015 年

・第四部

Bornkamm, Barth & Held, 1963. *Tradition and Interpretation in Matthew.* Translated by Percy Scott, Philadelphia, PA: Westminster Press.

Collins, John J. 2016. *The Apocalyptic Imagination.* 3rd ed., Grand Rapids: Eerdmans.

Crossan, John Dominic. 1991. *The Historical Jesus: The Life of a Mediterranean Jewish Peasant.* New York: HaperCollins.

deSilva, David A. 2000. *Honor, Patronage, Kinship & Purity: Unlocking New Testament Culture.* Downers Grove, IL: IVP Academic.

Käsemann, E. 'The Beginnings of Christian Theology', *JTC* 6 (1969)

Klawans, Jonathan. 2006. *Purity, Sacrifice, and the Temple.* Oxford: Oxford University Press.

Koester, Craig R. 2001. *Revelation and the End of All Things.* Grand Rapids: Eerdmans.

Nickelsburg, George W. E. 2005. *Jewish Literature between the Bible and the Mishnah.* 2nd ed., Minneapolis: Fortress.

荒井 献『イエス・キリスト（上）三福音書による』講談社、2001 年
荒井 献『イエス・キリスト（下）その言葉と業』講談社、2001 年
大貫 隆『イエスという経験』岩波書店、2003 年
大貫 隆『イエスの時』岩波書店、2006 年
大貫 隆『終末論の系譜 ― 初期ユダヤ教からグノーシスまで ―』筑摩
　書房、2019 年
クロッサン、ジョン・ドミニク『イエス ― あるユダヤ人貧農の革命

的生涯』太田修司訳、新教出版社、1998 年

タイセン、ゲルト『イエス運動　ある価値革命の社会史』廣石 望訳、新教出版社、2010 年

フルッサル、D. と G. ショーレム他『ユダヤ人から見たキリスト教』手島勲矢訳編、山本書店、1986 年

・第五部

Bauckham, Richard. 1993. *The Climax of Prophecy.* London: T & T Clark.

Dunnill, John. 1992. *Covenant and sacrifice in the Letter to the Hebrews.* Cambridge: Cambridge University Press.

Gane, Roy. 2004. *Leviticus, Numbers.* Grand Rapids: Zondervan.

Grudem, Wayne. 1994. *Systematic Theology: An Introduction to Biblical Doctrine.* Grand Rapids: Zondervan.

Horton, Fred L. 1976. *The Melchizedek Tradition: A Critical Examination of the Sources to the First Century A.D. and in the Epistle to the Hebrews.* Cambridge: Cambridge University Press.

Marquis, Timothy Luckritz 'Perfection Perfected: The Stoic "Self-Eluding Sage" and Moral Progress in Hebrews', *NovT* 57 (2015)

Moffitt, David M. 2013. *Atonement and the Logic of Resurrection in the Epistle to the Hebrews.* Leiden: Brill.

Peter T. O'Brien, Peter T. 2013. *The Letter to the Hebrews.* Grand Rapids: Eerdmans.

Rosner, Brian S. 2013. *Paul and the Law: keeping the Commandments of God.* Downers Grove, IL: InterVarsity Press.

Rowland, Christopher. 1982. *The Open Heaven: A Study of Apocalyptic in Judaism and Early Christianity.* New York: Crossroad Publishing Company.

Thompson, James W. 2008. *Hebrews.* Grand Rapids: Baker Academic.

Wright, N. T. 2013. *Paul and the Faithfulness of God.* 2 vols, Minneapolis: Fortress.

Wright, N. T. 2013. *Pauline Perspectives: Essays on Paul,* 1978-2013. Minneapolis: Fortress.

サンダース、E. P.『パウロ』土岐健治・太田修二訳、教文館、2002 年

・聖書外資料（一次文献）

Charlesworth, J. H. 1983-1985. *The Old Testament Pseudepigrapha*. 2 vols. Garden City. N.Y.: Doubleday.

A New Translation of The Dead Sea Scrolls. 2005. Translated and with Commentary by Michael Wise, Martin Abegg Jr., and Edward Cook. Rev. ed., New York: HarperCollins.

1 Enoch: The Hermeneia Translation. 2012. Trans. by George W. E. Nickelsburg and James C. VanderKam; Minneapolis: Fortress Press.

ヨセフス、フラウィウス『ユダヤ戦記（全3巻）』秦 剛平訳、筑摩書房、2002年

ヨセフス、フラウィウス『ユダヤ古代誌（全6巻）』秦 剛平、筑摩書房、1999-2000年

・さらなる学びのために
（本書で紹介できなかった、重要な参考文献です）

Chilton, Bruce. 1996. *Pure Kingdom: Jesus' Vision of God.* Grand Rapids: Eerdmans.

エレミアス、ヨアヒム『イエスのたとえ話の再発見』南條俊二訳、新教出版社、2018年

サンダース、E. P.『イエス ── その歴史的実像に迫る』土岐健治・木村和良訳、教文館、2011年

廣石 望『信仰と経験 ── イエスと〈神の王国〉の福音』新教出版社、2011年

フィオレンツァ、E. S.『彼女を記念して ── フェミニスト神学によるキリスト教起源の再構築』山口里子訳、日本キリスト教団出版局、1990年

ペリン、ノーマン『新約聖書解釈における象徴と隠喩』高橋敬基訳、教文館、1981年

あとがき

　本書は、キリスト教月刊誌『舟の右側』で三年間にわたって掲載された「神の王国」という連載記事を大幅に加筆・修正し、単行本としてまとめたものです。

　「神の王国」（日本では一般に「神の国」と訳されてきました）は賀川豊彦や羽仁もと子など、日本社会全般に大きな影響を及ぼしたキリスト者たちが好んで用いた言葉です。近年では、福祉や被災者支援などの公共的な分野に働きの場を見出している日本の教会によって頻繁に用いられるキャッチフレーズにもなっています。では「神の王国」とは一体何を意味しているのか、と改めて考えると、様々な疑問が浮かんできます。それは人間社会の枠組みの中で実現可能な社会変革なのか、人間は自らの力で地上世界を神の王国に変えることができるのか、あるいは人間の力では達成不可能な、世界の終焉後に神によってもたらされる超越的な世界なのか、などの多くの議論を呼び起こしてきました。しかし、21世紀に生きる私たちがこの言葉から何を連想しようとも、二千年前の歴史上の人物であるナザレのイエスが自ら開始した運動のスローガンとしてこの言葉を用いた、という事実は変わりません。ですから、「神の王国」とは何かと考える時に、真っ先に探求すべきなのはイエスがどのような意味でこの言葉を語ったのか、という歴史的・神学的な問いなので

す。このため、新約聖書を歴史的・神学的な背景から理解しようとする新約聖書学は「神の王国」の理解に大きな貢献をなしうるのです。

　私は2015年に帰国するまで、スコットランドのセント・アンドリュース大学でN. T. ライトやデイビッド・モーフィットの指導の下で博士論文の執筆に励んでいましたが、その時の研究テーマは使徒パウロの救済論でした。主に共観福音書や史的イエスといった研究分野に含まれることの多い「神の王国」というテーマについては、正直なところ門外漢でした。しかし、帰国後に東京基督教大学付属の共立基督教研究所の研究員となり、同研究所の所長をしておられた稲垣久和先生との対話を重ねる中で、日本におけるキリスト教が広い視野で様々な社会問題にかかわっていくうえで、「神の王国」という視点が非常に重要であることに目が開かれていきました。このテーマについて、新約聖書学という立場から研究を深めてほしいと強く勧められた私は、では新約聖書学の偉大な先人たちはこのテーマについてどのような研究をしてきたのだろうか、ということに関心を持つようになりました。ちょうどそんな折に、『舟の右側』の編集長の谷口和一郎氏からなんでも好きなテーマでよいからと私に連載依頼の話があり、では毎月「神の王国」に関する重要な研究者を一人ずつ紹介する連載記事を書きましょう、ということになりました。その当時は連載が三年にも及ぶとは考えもしませんでしたが、このテーマについての重要な研究は非常に多くあり、実際には三年ではとても紹介しきれないほどでした。こ

のような限界があるにしても、この分野の研究の流れを自分なりに捉えて、一冊の本にまとめるのは意味のあることだと考えています。研究とは対話であり、本書を読んでくださったどなたかが、本書で提起されているいくつかのテーマをさらに深めてくだされば望外の喜びです。

　本書の完成のためには多くの方から助言や励ましをいただきました。特に、『舟の右側』の連載の原稿をいつも最初に読んでくださった共立基督教研究所の高橋伸幸氏には深く御礼申し上げます。また、最初の読者という意味では私の両親（秀生・藤子）に感謝することを忘れるわけにはいきません。そして、本書の完成段階で私のつたない牧会活動を常に支えてくださった、日本同盟基督教団　中原キリスト教会の兄弟姉妹には格別の謝意を表したいと思います。本書は同教会の皆様に献げます。そして最後に、本書の執筆の企画を私にご提案くださり、完成まで辛抱強く励ましてくださった株式会社ヨベルの安田正人氏に心からの御礼を申し上げます。

　　　2020 年 9 月 9 日

　　　　　　　　　　　　　　　　　　　　山口希生

あとがき（改訂版）

　昨年 10 月の出版後、多くの読者の方々から様々なご意見や励ましのことばを頂いたことを篤く感謝申し上げます。特に、『本のひろば』に書評を書いてくださった坂野慧吉先生、『週間読書人』に書評を書いてくださった浅野淳博先生、『クリスチャン新聞』に書評を書いてくださった山崎ランサム和彦先生、『日本の神学』に書評を書いてくださった伊東寿泰先生に心から御礼申し上げます。とりわけ伊東先生からは、学術書として補うべき点を懇切丁寧にご指導いただき、今回の改訂版の出版を後押ししてくださったことに深く謝意を表したいと思います。

　2021 年 7 月 1 日

山口希生

山口希生（やまぐち・のりお）
1970 年生まれ。早稲田大学法学部卒業。セントアンドリュース大学神学部卒業。2015 年 6 月、同大学より哲学博士号（新約聖書学）取得。日本同盟基督教団中野教会伝道師を経て、同教団中原キリスト教会牧師。東京基督教大学兼任講師。同大学共立基督教研究所研究員、聖契神学校教師。
著訳書：『神の国と世界の回復：キリスト教の公共的使命』（共著、教文館）、リチャード・ボウカム『イエス入門』（共訳）、N. T. ライト『新約聖書と神の民 上巻：キリスト教の起源と神の問題 1』、『新約聖書と神の民 下巻：キリスト教の起源と神の問題 1』（以上、新教出版社）。

「神の王国」を求めて——近代以降の研究史

2020 年 10 月 31 日　初版発行
2021 年 08 月 11 日　再版発行（改訂増補）

著　者 —— 山口希生

発行者 —— 安田正人

発行所 —— 株式会社ヨベル　YOBEL, Inc.
〒 113-0033 東京都文京区本郷 4-1-1　菊花ビル 5F
TEL03-3818-4851　FAX03-3818-4858
e-mail : info@yobel. co. jp

印刷所 —— 中央精版印刷株式会社

配給元—日本キリスト教書販売株式会社（日キ販）
〒 162 - 0814　東京都新宿区新小川町 9 -1
振替 00130-3-60976　Tel 03-3260-5670

© 山口希生, 2020 Printed in Japan
ISBN978-4-909871-29-9 C0016

聖書は、断りのない限り聖書協会共同訳（日本聖書協会発行）を使用しています。

福音に生き、実行していくために

評者：坂野慧吉氏

「時が満ち、神の国が近づいた。悔い改めて福音を信じなさい。」（マルコ 1 章 15 節）

私は、「このみことばは、分かっている」と思っていた。でも、この本を読んで、「自分は良く分かっていなかった」と思った。この本を読むことによって「神の王国」がイエスの福音の中心なのだと納得させられました。

第Ⅰ部で、著者は、イエスが語った良き知らせ、福音を一言で要約すれば、「神の王国の到来」と呼ぶことができるでしょう、と語っています。そしてこの本のテーマと構成を最初に提示しています。「神の王国はどのように地上に実現するのか、という問いは非常に重大な今日的意味を帯びています」と研究者だけではなく、教会と私たちにとって重大な問題なのだと言います。

第Ⅱ部では「神の王国」に取り組んだ古典的研究を紹介しています。19 世紀の「神の王国」論争、「神の王国＝「神の支配」さらに、イエスは終末的預言者であったと主張するアルベルト・シュヴァイツァー。そしてブルトマン、クルマンの主張をまとめています。第Ⅲ部では「神の王国」とイスラエルの刷新というテーマで、C・H・ドッドをはじめとする研究者たちを紹介しています。特 12 章では「捕囚の終わりと神の王国」という題で、N・T・ライトを取り上げ、彼が「四福音書

を旧約聖書のストーリーのクライマックス」として読むことを提唱していると紹介します。「捕囚はいつ終わるのか」という興味深い問題も取り上げています。第IV部「神の王国のすがた」では「神の王国と教会」「神の王国と黙示文学」「神の王国と知恵文学」「神の王国と社会学」など神の王国に関わる多方面の問題が紹介されます。第V部では、「神の王国と万物の刷新」というテーマで、N・T・ライト「神の王国」とパウロ書簡、モーフィット「神の王国とヘブライ人への手紙」、リチャード・ボウカム「神の王国」とヨハネ黙示録を解説します。万物の刷新というテーマは、この本のクライマックスだと思われます。

　今、世界で、そして日本で多くの牧師、信徒に読まれているN・T・ライトが二回登場します。この本を学ぶことによって、ライトがどうして「神の王国」を論じているのか、どういう立場なのか、そして現在の教会に何を語ろうとしているのかを知ることができます。突然ライトが登場したわけではなく、「神の王国」研究史の中で位置づけられることによって、健全な読み方ができるのではないかと思います。ライトの主張に賛同している人も、疑問を感じている人も、「歴史」を踏まえることによって、建設的な議論ができるのではないでしょうか。著者の理解に賛成するか、反対するかは、この本をしっかり読んでからにしてほしい、と思います。いずれの立場を取るにせよ、「日本の教会」が今、「神の国（王国）の福音」とは何かを真剣に学び、「イエス・キリストの福音」とは何なのか、なぜイエスは十字架に架かられたのかをもう一度学ぶことにより、刷新されて福音に生き、福音を宣教し、福音によって世を改革して行く使命を新たに自覚し、実行して行くために、「一石を投じた」書物と言えるのではないでしょうか。

（さかの・けいきち＝浦和福音自由教会牧師）

「神の王国」に関する解釈史を概観
古典的研究、新約聖書学の貢献を明解に示す

評者：淺野淳博氏

　山口希生『「神の王国」を求めて：近代以降の研究史』は、イエスが公的生涯においてその大義とした「神の王国の宣教」の本質──「神の王国」（以下「王国」）とは何か──に関する解釈史を、とくに初学者を念頭に置いて概観することを目的としている。

　著者はまず古典的研究として 5 名のドイツ語圏の研究者（19 世紀後半〜 20 世紀中半）を紹介する。ヴァイスは王国を人の倫理的完成と理解する由主義神学的な楽観論を批判して、古代ユダヤ教という宗教／歴史的文脈に議論を引き戻すことに貢献したが、ダルマンはこの王国を「領土」でなく「支配」という点で捉え、その視野が民族的垣根を越境する可能性を拓いた。シュヴァイツァーはイエス運動に王国到来を具体的にもたらす役割を見出すことで、王国と終末とが不可分であることを印象づけたが、クルマンはこの終末的王国を空間でなく時間軸的に捉えて、終末の開始と完成とのあいだのタイムラグに光をあてた。ブルトマンは非神話的解釈によって王国を「神の裁きと恵み」の告知へと還元させた。こうして著者は前半部を、イエスの王国理解を歴史から遊離させずに、しかしその意義を普遍的に開く過程として描いた。

　後半部は現代に至るとくに英語圏の研究者に焦点をあて、王国の輪郭がより具体化される過程を示す。したがってドッドやケアードは「開

始された」王国という視点から、教会が置かれたキリストの時代の倫理性を重視し、フランスは王国の成長という概念に注目しつつその開始の実体性を明らかにした。ボルグが社会規範のラディカルな修正を要請する王国の価値観に注目して神殿事件の重要性を訴えると、ホースレーはこの価値観の具現化をローマ帝国支配への批判として捉える。クロッサンがこの価値改革を知恵文学の思想という文脈（ベッツの「反マカリズム」参照）で解釈する一方、タイセンはこれを「千年王国主義」という社会現象として 明を試みる。著者はさらに日本を代表する新約聖書学者の貢献へ目を移し、王国と教会との関係性を解説する荒井と、黙示文学との比較をとおして王国の黙示的性質に光をあてる大貫を紹介する。順序は前後するが、著者は自身が師事するライトの解釈に紙面の多くを割き、「イスラエルのストーリー」を完結する王の帰結として王国の到来を理解するある種のグランド・セオリーを提示する。そしてアブラハムの契約成就というパウロの主題と王国とを同義語として捉えるライト、王国を二元論的に捉えないヘブライ書理解を提示するモフィット、そして黙示録に王国の世界的拡がりという主題を見出すボウカムが、新約聖書内での解釈史を提示する仕方で本書は帰結する。

　動乱する社会のただ中でその在り方を自問する読書人にとって聖書的な王国理解は示唆に富む。それゆえ諸説とその相互関係を明快に解説する本著を、評者は心から歓迎する。同時に、王国の到来がイスラエルと教会との関係をいかに規定するか ―― ユダヤ教とキリスト教の継続性と断続性 ―― という現代的示唆に富む問題が取り残された。原始教会が第二神殿での礼拝を継続したという歴史的事実がこの問題考察の鍵となろう。最後に原始教会を覗く窓とも言えるパウロ書簡が10

回程言及する「神の王国」、その同義語として頻用される「義」の用法（ユルゲン、ウェダーバーン参照）が本著の主題理解をいかに深化させるかという問いを本来パウロ研究を専門とする著者へ投げかけて評を閉じる。　　（あさの・あつひろ＝関西学院大学教授・新約聖書・パウロ研究）

［クリスチャン新聞・2021 年 6 月 20 日号］

神の王権はどのように世界に実現していくのか
イエスの歴史背景から見る神の支配
評者：山﨑ランサム和彦

　本書は月刊誌「舟の右側」（地引網出版社）に連載されていた記事を加筆・修正して単行本にまとめたもので、タイトルからも分かるように「神の王国」という新約聖書学の重要主題についての研究史をまとめた好著です。著者の山口希生氏（日本同盟基督教団中原キリスト教会牧師、東京基督教大学兼任教師）は英国セント・アンドリュース大学で博士号を取得した新約学者です。

　全体は 5 部構成になっており、第Ⅰ部は導入として神の王国についての著者の理解を提示しています。一般的な日本語訳聖書では神の「国」と訳されることの多いギリシア語のバシレイアを「王国」と訳すことに著者はこだわりますが、それはこの言葉の中に「神が王である」という思想が反映されていることをしているからです。

　イエスの宣教の中心メッセージ（すなわち福音）は「神の王国の到来」に関するものでしたが、それは神の王的支配がこの世界に実現していくことです。著者はこれについて、①イエスが宣べ伝え、もたらした

神の支配の性質、②神の支配とイエスの十字架との関係、③神の支配と教会の役割、が重要な問題となると言います（21頁）。

　第Ⅱ部以降は神の王国に関する主要な研究者を紹介していく内容となっています。19世紀の自由主義神学者リッチュルに代表される非歴史的な道徳体系としての神の王国観を否定し、イエスが生きた紀元1世紀の歴史的コンテクストの中で神の王国を理解しようというところから近代の神の王国研究史は始まりました。第Ⅱ部では19世紀後半以降の神の王国研究の礎となった「古典的」諸研究を扱います（ヴァイス、ダルマン、シュヴァイツァー、ブルトマン、クルマン）。第Ⅲ部ではイスラエルの刷新という視点からなされた神の王国研究を（ドッド、ケアード、ボーグ、ホースレー、フランス、ライト）、第Ⅳ部ではさらに多角的な視点からの諸研究を扱います（荒井、大貫、クロッサン、タイセン）。最後の第Ⅴ部では、福音書以外の新約文書における神の王国を扱った研究がカバーされています（ライト、モーフィット、ボウカム）。

　取り上げられた学者たちの中で、著者の指導教授でもあったＮ・Ｔ・ライトが唯一2回登場しますが（12章と17章）、今日の新約聖書学におけるライトの重要性をうかがわせます。また、欧米の研究者が中心になっていますが、その中で日本から荒井 献と大貫 隆の両氏が取り上げられているのも注目されます。

　神の王国に関する研究蓄積は膨大であり、本書でそのすべてを取り上げることはできなかったと著者もあとがきで述べておられます。それを理解した上で敢えて欲を言えば、女性の研究者、特にエリザベス・シュスラー＝フィオレンツァのようなフェミニスト聖書解釈による議論が取り上げられなかったのは残念です（本書で取り上げられている研究者は全員男性です）。

評者にとって、イエスが宣べ伝えた神の王国のメッセージの最も重要な側面は、神による「王的支配」の概念がラディカルに再定義されていることです。イエスが宣べ伝えた神の王権はローマ皇帝のように暴力と恐怖で人々を支配することではなく、自己犠牲的な愛によって世界を変革していくことでした。それを体現したイエスは「ユダヤ人の王」として十字架にかかりました。したがって、「神の王国」という表現自体、この世的な意味での王権や支配と結びつけて誤解される危険性を常に孕んでいることになります。この意味で、シュスラー＝フィオレンツァが支配を含意する「王国 kingdom」という訳語を用いず、バシレイアを原語のまま用いることに拘ったことには重要な問題提起が含まれています。

　「研究史」という少々いかめしい副題から、無味乾燥な専門書を想像する人がおられるかもしれませんが、本書は一般読者にも分かりやすく、特別な専門知識なしに読めることを願って書かれたとあり（13 頁）、専門的な内容には丁寧な説明がなされ、いくつかの章末には短いコラムも収められていて、飽きさせない工夫がなされています。しかしそのような目的からすれば、ギリシア語の表現はギリシア文字ではなく、片仮名かラテン文字で表記した方が親切だったでしょう。また、本文脚注に引用文献が示されてはいますが、巻末に簡単な文献案内があると、この分野に興味を持った読者の助けになったのではないかと思います。

　しかし、これらのささやかな要望は本書の価値をいささかも減じるものではありません。読者は新約聖書に対する多様なアプローチについて知るだけでなく、読み慣れた箇所の新鮮な解釈に驚くことも多いでしょう。本書で紹介されている諸研究は未邦訳のものも多く、新約

神学の中心主題についてのコンパクトな研究史を日本語で読める貴重な資料であることは間違いありません。本書が教職者や神学生はもちろん、幅広い層に読まれることを心から願っています。

（聖契神学校教務主任、聖契キリスト教会協力牧師。専攻は新約聖書学。）

ヨベルの既刊書（税別）

日本イエス・キリスト教団明野キリスト教会牧師　大頭眞一の本

聖書は物語る　一年12回で聖書を読む本

正木牧人氏・評（神戸ルーテル神学校校長）本書の読みやすさは聖書を一続きの物語として捉らえ、一貫する世界観を提示していることにある。……大頭氏はかつて英国留学に際して生涯の出会いを得た『神の物語』という書物を、著者のM・ロダール氏と密接に連絡を取りながら十年がかりで和訳し出版。……神という主人公と人類史という筋を持つ神学的物語として聖書を読み解く。

七版出来　A5判上製・一一二頁・一二〇〇円　ISBN978-4-946565-84-7

聖書の学び会のテキストや教科書として多くの方々に使用されています。

聖書はさらに物語る　一年12回で聖書を読む本

工藤信夫氏・評（精神科医）人々は今日でも恐らく世界中のベストセラーである聖書を知りたい・読みたいと願っているのかもしれない。にもかかわらず〝これまでのキリスト教〟は、なにか人々のニーズに応えかねているのではないだろうか。キリスト教界の大きな課題の一つに違いない。聖書を「神の物語」と捉えていることは興味深い。

四版出来　A5判上製・一一二頁・一二〇〇円　ISBN978-4-907486-19-8

神の物語　上・下

マイケル・ロダール著　大頭眞一訳　関野祐二解題

*在庫僅少　各一四〇〇円

ヨベル新書 043　三二〇頁 ISBN978-4-907486-19-8
ヨベル新書 044　三〇四頁 ISBN978-4-907486-19-8

複雑・難解な聖書の各巻を3分で一章まるっと呑み込める！ 聖書各巻の一章ごとの要諦を3分間で読める平易なメッセージにまとめ、「聖書 新改訳2017」に準拠して出版する改訂新版！ ——**聖書通読のためのやさしい手引き書**

鎌野善三著　日本イエス・キリスト教団　西宮聖愛教会牧師

3分間のグッドニュース [律法]

*収録各巻　創世記／出エジプト記／レビ記／民数記／申命記

A5判・二〇八頁・一六〇〇円　ISBN978-4-909871-09-1

3分間のグッドニュース [歴史]

*収録各巻　ヨシュア記／士師記・ルツ記／サムエル記第一・サムエル記第二／列王記第一・列王記第二／歴代誌第一・歴代誌第二／エズラ記・ネヘミヤ記・エステル記

A5判・二七二頁・一六〇〇円　ISBN978-4-907486-90-7

3分間のグッドニュース [詩歌]

*収録各巻　ヨブ記／詩篇／箴言／伝道者の書／雅歌

A5判・二六四頁・一六〇〇円　ISBN978-4-907486-92-1

3分間のグッドニュース [預言]

*収録各巻　イザヤ書／エレミヤ書・哀歌／エゼキエル書／ダニエル書／一二の小預言書

A5判・二七二頁・一六〇〇円　ISBN978-4-909871-22-0

3分間のグッドニュース [福音]

*収録各巻　四福音書（マタイ・マルコ・ルカ・ヨハネ）／使徒の働き／書簡：ローマ／コリント第一／コリント第二／ガラテヤ／獄中書簡：エペソ／ピリピ／コロサイ／テサロニケ第一／テサロニケ第二／牧会書簡：テモテ第一／テモテ第二／テトス／ピレモン／ヘブル／公同書簡［前半］：ヤコブ／ペテロ第一／ペテロ第二／公同書簡［後半］：ヨハネ第一／ヨハネ第二／ヨハネ第三／ユダ／黙示録

A5判・三〇四頁・一六〇〇円　ISBN978-4-909871-01-5

聖書各巻の一章ごとの要諦を3分間で読める平易なメッセージ [再版準備中] 全5冊：A5判・各巻一六〇〇円